历史本色

不知历史者，无以图未来

暴君还是明主

黑白隋炀帝

戴文杰——著

中国铁道出版社
CHINA RAILWAY PUBLISHING HOUSE

图书在版编目（CIP）数据

暴君还是明主：黑白隋炀帝 / 戴文杰著 . — 北京：中国铁道出版社，2018.1
ISBN 978-7-113-23528-4

Ⅰ . ①暴… Ⅱ . ①戴… Ⅲ . ①隋炀帝（569-618）—传记 Ⅳ . ① K827=41

中国版本图书馆 CIP 数据核字（2017）第 200551 号

书　　名：**暴君还是明主：黑白隋炀帝**
作　　者：戴文杰　著

责任编辑：田军　曾山月　　**电　　话**：（010）51873038
装帧设计：李四月　　**电子信箱**：liujw0827@163.com
责任印制：赵星辰

出版发行：中国铁道出版社（100054，北京市西城区右安门西街 8 号）
印　　刷：三河市兴达印务有限公司
版　　次：2018 年 1 月第 1 版　　2018 年 1 月第 1 次印刷
开　　本：710mm×1000mm　1/16　**印张**：13　**字数**：208 千
书　　号：ISBN 978-7-113-23528-4
定　　价：42.00 元

杨广像（唐·阎立本 绘）

代序

杨广：是千古一帝还是无道之君

> 历史，并不是一些偶然的事实，迷途骑士漫游事迹之聚集：他们各自为战，做无目的的挣扎，在他们的一切努力里，看不出任何效果。历史的发展是合乎理性的，各事件之间有着本质的联系。
>
> ——黑格尔

在中国，杨广是一个家喻户晓的历史人物，也是最知名的帝王之一。他一生活了五十岁，最后十四年身份是隋朝皇帝，年号“大业”。对于他一生的事迹，如平定江南、诡计夺权、营建东都、开凿运河、修筑长城、创立科举、修订律法、搜编书籍、降服突厥、开发西域、三征高句丽等，如今已是妇孺皆知，耳熟能详。

大业十四年（618 年）三月，杨广在江都宫变中被叛军所杀。几乎从那一刻起，围绕他的各种争论就如火如荼地展开了。当年五月，隋朝洛阳留守政府给他上谥号“明帝”、庙号“世祖”，两者都是非常积极、正面的评价。而同年九月，刚建立的唐政府只追谥他为“炀帝”，这又是完全消极、负面的评价。谥号一明一炀、庙号一有一无，代表着当时官方对杨广一生截然相反的两种态度。

那么，以上两种截然相反的评价，哪一种较为合理呢？

其实，上述两种态度都是对杨广比较客观、合理的评价，因为“明”和“炀”在杨广身上都有明显体现，他就是这么一个矛盾的集合体。只是其一生行事过于丰富多彩，性格极尽复杂而又充满矛盾，绝非一个谥号所能涵盖。而在中国数千年历史上，又没有一个皇帝同时拥有两个截然相反谥号的先例。所以，隋朝洛阳留守政府和唐政府，一个作为隋朝国祚的传承者，一个作为大隋王朝的埋葬者，分别站在颂扬杨广一生政绩、作为和汲取其亡国破家教训的立场上，在给他选定谥号时就只好各取所需了。纵观杨广一生，尤其是他当皇帝的十四年间，上述两方面体现都十分明显，也就不存在如何取其主要方面的问题。在评价杨广这个人物时，将“明”和“炀”结合起来才是全面和完整的，否则两者取其一，都有片面美化或丑化之嫌，当然也就不甚可取。

那么，杨广在死后的一千四百年中，为何被普遍以负面的“隋炀帝”相称呢？

这其实涉及对杨广评价的历史变迁问题。在杨广被杀之后，隋朝洛阳留守政府只是昙花一现，只坚持了四个月，就被王世充发动政变而架空了。次年（619 年）四月，王世充又进一步篡隋自立，国号郑。郑是一个短命政权，其控制范围仅限于洛阳及周边一带，于 621 年五月被唐军所灭。此后，唐朝相继消灭群雄，重新统一中国。十余年后，唐编纂完成了记载隋朝 38 年历史的《隋书》。在其中，杨广被有预谋地冠以“隋炀帝”之称，而且被刻画成一个典型的暴君形象。

郑灭亡时，“隋明帝”称号尚未被广泛接受，而《隋书》编成之后，当然更不会再有人肯为它续命，也只能任其湮没无闻了。相反，杨广的“隋炀帝”称号和暴君形象，则由《隋书》起步，后来又经过《北史》《资治通鉴》《隋史遗文》《开河记》《隋唐演义》《说唐演义》等正史典籍和演义小说重加渲染，流传后世一千四百年，日渐深入人心。

其实，《隋书》对杨广的抹黑还只算是初级“黑”，《北史》中关于隋朝的部分几乎全部照搬《隋书》，影响也不大。真正对抹黑杨广推波助澜的，其实是司马光的《资治通鉴》。

《资治通鉴》与《史记》合成“史学双璧”，其作者司马光与司马迁也合称“史学两司马”，《通鉴》的整体水准应该是相当高的。但它整体的高质量毕竟掩盖不了某些章节上的瑕疵。尤其是司马光写作《资治通鉴》所秉持的目标是“鉴于往事，有资于治道”（宋神宗语），是利用历史来劝鉴后世帝王的。而杨广恰恰是亡国之君，是一部不可多得的典型反面教材。于是，司马光就对这段历史（尤其是关于杨广本人的）进行了刻意歪曲。

从此，正史对杨广的抹黑，就从《隋书》《北史》的初级“黑”，升级到了《资治通鉴》的高级“黑”。

当然，《资治通鉴》毕竟是正史，即便司马光有意歪曲一些人物或事件，也还保持史学家的严谨、真实精神，并不敢凭空捏造，随意杜撰。但到再后来的《隋史遗文》《开河记》《隋唐演义》《说唐全传》等，因为作为文学作品，可以进行艺术性的夸张、虚构，杨广的形象便进一步由高级“黑”，变成了超级“黑”。

当然，抹黑之路并非毫无止境。自 20 世纪以来，人们对杨广又开始了一个“漂白”的过程。对杨广的认识和评价开始出现了新的转向，人们力图纠正传统正史、小说、传闻等施加给杨广的污蔑和不实之词，将其还原为一个血肉丰满、性格复杂的历史形象。这不仅在历史学界，而且在文学小说、影视创作等领域，甚至在普通大众之中，都是一个显而易见的趋势。

与此同时，对杨广的评价也五花八门、蔚为大观：有的人将其认定为成就卓著的千古一帝，有的人则认为他是劳民伤财、荒淫无度的独夫暴君，还有的同情其缔造千秋伟业的抱负和雄心，而哀叹其作为亡国之君的悲惨下场。诸如此类，不一而足。

在漫长的中国历史上，可能再没有其他任何一位皇帝处于这种尴尬的局面：既在短暂的执政生涯中取得辉煌成就，最终又因这些成就国破家亡，而且在一千四百年后仍不能被盖棺定论。这可能正是作者对杨广这个人物怀有浓厚兴趣的一个原因。

中华民族创造了悠久而灿烂的文明，同时对自己的历史充满了热爱和敬意，尤其注重从中总结经验教训，以史为镜，反照自身，以明得失。当然，历史的解读和价值都是多维度的，仁者见仁，智者见智。本书的主角杨广，一生事迹极尽丰富。相信各位读者在本书中，也会有自己的独特见解和收获。

目录

第一章 夺 宫

> “若所谋事果，自可为皇太子。如其不谐，亦须据淮海，复梁、陈之旧。”

我梦江南好

等这倒霉的旅程一结束，可怜的隋炀帝就只剩十八个月可活了。谁也不曾预料，有朝一日，他的牙齿将从墓中挖出，摆进展览馆中。[①]

大业十二年（616 年）秋，48 岁的杨广身在洛阳，与大臣们就最后一次江都之旅爆发了严重分歧。因为事隔久远，他基于何种考虑要故地重游，几乎已没人能说得清了。但大臣们还依稀记得，那时的局势很不乐观，举国上下狼烟四起。名目繁杂的叛军多如星火，各自占山为王，相互攻伐不已，河北、山东等地的盗匪尤为猖獗。在河北，匪盗头目张金称率军攻陷平恩县后，只一个早上就杀了一万多人。之后，武安、巨鹿、清河等县也相继失陷了。太原附近，潘长文将军的部队也在与敌交锋。对方据称有十万兵马，由一个名叫甄翟儿的头目任统帅。官军在力

① 杨广被杀后，初殡于江都宫流珠堂，后改葬吴公台下，唐平江南后，以帝礼改葬雷塘。2013 年 4 月，扬州市邗江区一处房地产项目施工时发现了两座古墓，墓主分别是杨广和萧皇后。杨广墓中出土了两颗牙齿。

战之后被击溃了，潘将军当场阵亡。

国家一有动乱，朝廷就往南跑。三百年来，这已成了惯例。皇帝被叛军吓怕了，他的精神也不好。

杨广此次南游是否真被叛军所逼，谁也没有确定把握。不过，说他精神欠佳倒是属实。以前，他似乎有着用不完的旺盛精力，对许多新奇事物充满了兴趣。他时常带领满朝文武和几十万士兵，在东起辽东、西至青海、北抵大漠的广袤地域内奔波，乐此不疲。但自第一次远征高句丽失败后，他很不幸地患上了失眠多梦症，夜晚时常被噩梦惊醒，有时得由几个宫女摇抚着，才能安睡。后来为各地的叛军所扰，他的精神状况更不如前了。

不久前，东都大业殿发生了一次火灾，杨广当时精神恍惚，竟以为是盗匪闯入，吓得惊慌失措，连滚带爬躲进了草丛，直到火被扑灭才现身。还有一次，两只形貌似雕的大鸟于夜间飞入殿内，直至黎明方才飞走。史官们对此惊诧不已，谨慎地将其载入史册，而他却心不在焉，丝毫未予关注。

其实，大臣们对此次南游争议颇大，连杨广本人也疑虑重重，犹豫不定。年近八十岁的苏威时任纳言，兼开府仪同三司，就是一名坚定的反对者。早在来东都之前，他就曾小心翼翼地提醒皇帝：

“如今盗匪不息，士卒疲惫，陛下应速返西京，巩固根本啊。”

“嗯，你的意见很好。”杨广回答道。

另一位宰相右卫大将军宇文述见他语气不够坚定，随之提出了变通意见：

“随驾官员的家属多在东都，陛下不如先顺道过洛阳，再由潼关入西京。”

“好，朕会采纳的。”

于是，杨广没有带领众臣返回西京，而是先转道去了东都。那里本来有供他巡游江都的龙舟，但前不久已毁于战乱。杨广在了解情况后赶紧颁布了一道诏令，令江都通守王世充再造几千艘，并要求新船的规格比以前更大一些。

在新龙舟造好之前，杨广一步都没有离开东都，连元旦也是在那里过的。当时全国有近二百个郡，按照惯例，每逢元旦各郡都该派朝集使前来，给皇帝进献方物。但这次，竟有二十几个朝集使未到。杨广据此推断，全国的叛乱已经相当严重，以至于阻断了他们的进贡之路。南游前夕，他专就此事向大臣们咨询。

"叛军正在减少。"宇文述毫不犹豫地答道。

"比过去少多少？"

"不到以前十分之一。"

宇文述明显是在说谎，然而不出预料，却能很好地迎合圣意。他在官场摸爬滚打了几十年，在何种情形下揣摩皇帝喜欢听哪些话，早已是轻车熟路。在盗匪问题上，他很清楚，杨广宁愿自欺欺人相信眼下局势依然大好，也不愿接受残酷的现实，所以他便在皇帝面前竭力掩盖问题的严重性。但这次，杨广对他的回答竟未置可否，也没有继续追问下去。他转眼看见苏威躲在后面，也问他相同的问题，得到的回答却是：

"我不主管此事，所以不得而知，只是，盗匪已日益迫近。"

苏威也熟知杨广的脾性，而且有时他曲意逢迎的本事比宇文述更为出众。但眼下他却一反常态，冒着极大的风险想让皇帝了解真相，直面现实，而不是继续陶醉于自己编织的美梦之中。

"何出此言呢？"杨广表示不解。

"盗匪以前在长白山，现在已抵达汜水……"说到这里，苏威突然将话锋一转，又继续说道，"皇上违背诺言，继续征兵不止，盗贼怎么能平息呢？"

苏威所称杨广违背诺言，是指几个月前他曾承诺要让士兵们休养生息，不再劳民伤财，对远在辽东的高句丽枉动干戈。但这是他被强大的突厥人重重包围、身陷绝境时的违心话，是用来招揽军心、鼓舞士气的，对他本人当然没有约束力。实际上，杨广后来果断食言了，一旦脱险，立马就下令征调数万士兵，在毗陵郡大肆兴建离宫。新宫苑共有十六所，占地十六里多，奢华程度远远超过东都。会稽郡本来也有类似的建设规划，只因眼下叛军猖狂，还没来得及落实。

这次苏威显然忤逆了圣意，致使君臣话不投机，草草结束了谈话，也使两人的关系蒙上了一层厚厚的阴影。尽管如此，苏威仍然不以为意。不久碰上杨广生日，文武百官按例都去献礼庆贺，送的多是珍玩宝器等物。唯有苏威匠心独运，很恭敬地献上了一部先贤治国经验、教训的汇编——《尚书》。很明显，他想借此劝皇帝警醒。

但很不幸，苏威这次努力最终还是徒劳。不久前，他还被杨广亲口赞誉为“国之宝器”，这次是真真切切将自己与皇帝的关系搞僵了。而且，此举还给政敌提供了借题发挥的良机。事后，有人暗中对杨广进言称：

“《尚书》中有一篇是‘五子之歌’。苏威进献此书，其意甚是不逊。”

“五子之歌”记述的是夏王太康失国后五位公子悲歌哀悼之事。苏威这次虽然用心良苦，但不但没能使杨广警醒，反而使自己陷于十分不利的处境之中。本来事态发展至此，已经对他非常不利了，但不久之后，当再被杨广问到远征高句丽之事时，他还是毫不犹豫地回答道：

“陛下不用再征兵了，只需赦免各地的盗匪，便足有几十万人。他们因为遇赦而高兴，定会竞相立功。”

这又是一番暗讽之语。但杨广竟未听出其中的弦外之音，也或许是他因心虚而刻意自我掩饰，只是轻描淡写地回了一句：

“朕御驾亲征都无功而返，靠这些鼠辈，又怎能济事？”

时任御史大夫的裴蕴，也是苏威的政敌，而且在朝中的地位与他不相上下。他当时敏锐察觉到了杨广的不悦之意，一等苏威离开，便乘机上前进言道：

“苏威真是太不恭敬了。天下哪有这么多盗贼？”

“这老家伙奸佞至极，竟敢拿盗匪吓唬我。朕暂且忍耐一下，日后一定要打他嘴巴。”杨广很不高兴地回答道。

乖巧的裴蕴领会了圣意。几天后，他授意河南人张行本上奏，称苏威曾在朝中滥授官职，而且在与突厥人作战时出于畏惧，曾要求返回京师。张行本的奏疏被如期传到了杨广手中，引起了他的极大关注。结果，一石激起千层浪。苏威的仕途就此被彻底葬送了。

接下来，按照皇帝的旨意，苏威接受了一套严格的司法审查手续，镇压叛军和皇帝的行程问题都被暂搁一旁。审查的结果是，苏威遭指控的罪名成立，他因此被剥夺了官爵，革职为民。但事情并未就此了结，而在继续发酵。后来有人又补充了一条：

“他还曾勾结突厥，图谋不轨。”

更糟糕的是，此案因是裴蕴主审，新的指控使苏威罪加一等，变成了死刑。很多年后，他的儿子苏亶又重温了父亲因言获罪时的情景：老人伤感不已，却无力为自己申辩，只是一个劲地伏地叩头，悲伤地说道：

“臣侍奉先帝和陛下三十余年，精诚所至，不能感动皇上，真是罪该万死！”

在远征高句丽、镇压叛军和皇帝行程等问题上，苏威虽屡屡忤逆圣意，但杨广心知他一心为国，并非有意诽谤朝政，只是其政敌想趁机落井下石，置他于死地。眼看着苏威为朝廷效力大半辈子，如今年事已高，却落得如此悲惨境地。想到这里，杨广也有些于心不忍。最后，他还是心软了：

“朕怎么忍心杀他呢？”

于是，苏威有幸捡回了一条命。但他毕竟失去了权力，不仅祖孙三代被革职，连之前返回西京的主张也被否决了。后来的事态发展表明，苏威西返长安主张被否决对朝廷产生的影响，较之他一家失势免官要严重得多。

不久，江都新造的龙舟已经竣工，被送到东都后，又勾起了杨广的南游之意。或者更确切地说，龙舟本就是他为此次南游而造的。当然，这些细枝末节是无关紧要的。比较关键的一点是，宇文述对杨广察言观色，从中揣摩了圣意，不断劝他南游，从而使其他大臣的反对声音湮没无闻。

当时，尽管苏威已经被剥夺了发言权，但反对皇帝南游的声音仍然不绝于耳，百官之中主张西返长安的仍大有人在。右卫大将军赵才就是其中一员，他甚至比苏威更固执己见：

"如今百姓疲劳，国库亏空，盗贼蜂起，希望陛下返还京师，安抚百姓。"

杨广闻言勃然大怒，立马将赵才交给司吏处治，十天之后才予以释放。但其他人就没有这般好运了。建节尉任宗上书劝谏，当天就被打死在了朝堂上；崔仁象则在问斩前先被卸掉了下巴；还有两人在途中上书，也照样难免一死。经过这一番闹腾之后，尽管还有人心怀异议，但都缄口不语了。

贞观十三年，唐帝李世民与魏征谈及此事时，仍然感慨良多。作为那场动乱的亲历者，李世民的看法与苏威、赵才等人出奇一致，也认为当时杨广应该留在关中。甚至对于他们返回西京之后隋朝的前景，他比苏威、赵才等人更加乐观，认为它根本不会走向覆灭：

"隋炀帝承文帝余业，海内殷阜，若能常处关中，岂有倾败？①"。

很多年后，著名历史学家陈寅恪更是直言不讳：

"隋炀帝远游江左，所以卒丧家邦；唐高祖速据关中，所以独成帝业。"②

但问题是，杨广当时已经心灰意冷，对拯救王朝失去了信心，根本就不会采纳他们的建议。

杨广决议要起驾南游之时，东都除了满朝的文武官员，还有为数众多的宫嫔侍女。她们大多无法随行，都在哭哭啼啼。皇帝此去江都，实际即意味着抛弃两京，以后恐怕就再难得一见了。

杨广当然明白她们的心思，但哪里顾得上呢！他的心境必定满是悲凉与无奈。最后，他还是义无反顾地启程了。只是在临行之际，他仍旧强颜欢笑，留下了那首即兴而发的离别诗：

我梦江南好，征辽亦枉然。
但留颜色在，离别只今年。

---

① 吴兢：《贞观政要》，第10卷。

② 陈寅恪：《唐代政治史述论稿》：中篇《政治革命及党派分野》。

混一江表

大业十二年（616 年），杨广生前的最后一次旅行，始终被笼罩在一片浓郁的悲凉氛围之中。他本人以及身边的宫女、随从和大臣们，普遍感到前路未卜，命运多舛。江都的局势与往常一样，充斥着喧哗与骚动。杨广此时意志消沉，精神颓废，对一切熟视无睹。可不少大臣都还记得，27 年前，他第一次游江都时是何等精神昂扬，奋发有为。

长江南北的统一，是开皇九年（589 年）由隋朝当局完成的。此前近三百年间，江南、江北各有一个政权，长期相互敌对，梦寐以求想吞并对方。江南士人之中，有不少是祖上为了逃避战乱，从中原辗转流离过去的。他们一直以正统自居，无时不在思恋中原故土，盼望有朝一日能够收复失地，恢复祖先的荣耀。得益于长江天险的阻隔，他们顽强地生存了下来，国力强盛时谋划着反攻中原，国力衰弱时则求划江自保。

但他们没料到，统一南北的愿望竟是在敌人手中实现的，这对江南人而言是极不光彩的。三百年前，他们的皇帝第一次被作为俘虏入居江北的朝廷[①]。如今，历史又重演了。开皇九年，20 岁的杨广作为隋军统帅，在一班大臣和将领的辅佐之下，率 50 余万大军渡江南下，不到半年就攻陷了建康（今南京），将江南收入隋朝版图，实现了数百年来无数英雄志士期盼南北统一的夙愿。

由于长江南北长期分裂，很多江南人从未到过北方，统一后对长安新朝廷的统治就有些不适应，相互攀谈时多有怨言。长期以来，江南的确是一片乐土，那里法律宽松，气候适宜，局势稳定，人们不用受战乱之苦，生活富足而安逸。而统一之后，由于正统的优越感丧失了，有些人就感到不平衡。他们习惯了早先的散漫，不适应受法律严格拘束的新生活，与长安朝廷的要求格格不入。

当时，杨广的父亲隋文帝杨坚为此大伤脑筋，在几经斟酌之后，首先寄希望于教化之功。和大部分中原王朝的统治者一样，杨坚也自幼饱受儒家学说的熏陶，即位后倡导道德教化不遗余力。当然，他身边少不

① 公元 280 年，三国东吴被晋所灭，末帝孙皓作为俘虏被送至洛阳。

了有一批这方面的得力助手，苏威就是其中的佼佼者。当江南初定、民心未附之时，杨坚首先即认定这是他的用武之地。

“斟酌古今，助我宣化！”①

从杨坚这句评语中，我们能看出他对苏威既满怀期许，又饱含高度赞赏。苏威果然不负众望，奉命以超乎寻常的才华和速度制定了《五教》②。然后，朝廷满怀信心地将其颁布到江南，要求当地百姓无论男女老幼，人人都要诵读。但清初宰相刘统勋却对此举的效果颇怀疑义。他坚定地认为：

“安抚新归附的百姓，应以镇静为要。硬让他们背诵《五教》，不能醇化风俗不说，还有可能适得其反，使他们滋扰生事。”③

刘统勋之语不无道理。就当时而言，隋朝当局的举措显然是失之草率了。江南的贵族和百姓无不视诵读《五教》为奇耻大辱，很多人群起抵制。有的人甚至结伙杀死本地官吏，之后兴奋地叫嚣：

“看你还让我们诵读《五教》！”

在那之前，朝廷为了表示对江南百姓的善意，曾答应十年内不在那里收税，并免掉了五十岁以上百姓的徭役。这些也都没获得他们的好感。当有传言声称要将其迁往关中时，他们心中的反感变成了仇恨。

开皇十年（590年），江南接二连三地发生暴乱事件，仅半年就出现了三个皇帝、七个大都督和若干名刺史。他们纷纷举起叛旗，公然反抗长安朝廷，妄图摆脱其掌控。好在他们一直各自为战，没有联合起来，当然也就不是越国公杨素的对手。

当时隋朝名将众多，但没有比杨素更骁勇善战的了。他那套赖以扬名的作战套路，风格独特，百试不爽，尤为引人注目。对此，杨素本人曾自鸣得意地声称：

---

① 魏征等：《隋书》，第41卷《苏威传》。

② “五教”见《尚书·舜典》“敬敷五教，在宽”句疏引《左传·文公十八年》。五教即“父义、母慈、兄友、弟恭、子孝”。

③ 刘统勋：《评鉴阐要》，第4卷：“驭新定之民，当以镇静为要，徒取辨于五教之诵，是不能化俗，适足滋扰。”

“出军之前，我会借故斩杀几十名士兵。等临阵交兵之时，我先派一二百人冲击敌阵，脱逃者全部处斩，然后再派出一批。”

这样一来，杨素麾下将士在临阵作战时，无不战栗惊恐，奋勇向前，人人怀有必死之心。同时，杨素对随同征战的将士有功必赏，所以虽然有些残忍，将士们也都愿意追随他。

杨素率领这么一支勇猛善战的部队，奉命开赴江南镇压叛乱，不出意料获得了惊人的效果。有一次，他正与敌军对垒，其麾下一位名叫来护儿的将军自告奋勇，率几百艘战船冒险绕到敌后，出其不意焚毁了敌军的大本营。另一员猛将史万岁则带领两千人马跋山涉水，三个月内转战一千多里，作战七百余次，攻克了无数洞落。活跃于江南的多支叛军，就这样被轻而易举剿灭了。他们的事迹很快风靡大江南北，连朝廷都为之震惊。

杨素就凭着这样的显赫军功，牢固树立了自己的赫赫威名和在朝中无可争辩的优势地位，其余百官都望尘莫及。那个时代，杨素是受到隋文帝礼遇，并影响其决策的极少数人之一。直到新皇帝杨广坐稳江山之前，他在朝中的地位都是首屈一指，且不可动摇的。

长安朝廷通过强悍的武力震慑，快刀斩乱麻，重新将自身权威伸展到了江南。但暴力虽然可以压制异议和反抗，却不能赢得支持和化解不满。隋朝当局要赢得江南人的好感，还有很远的路要走。

开皇十年（590年），当时还身为晋王的杨广，就在这种复杂局势之下临危受命，被派到江都，去稳定那里的局势。接下来，他在那里耗费了十年光阴。

十年潜伏

杨广在江都的工作，是从整顿文化事业入手的。这当然得益于他的远见卓识。他自幼对江南文化怀有浓厚的兴致，梦寐以求想一睹江南风物，现在终于如愿了。

谈到公元6世纪的江南文化，佛教的兴盛自然是绕不开的，当时正

是佛教各宗派在中土扎根，并大放异彩之时。唐代诗人杜牧的名句“南朝四百八十寺，多少楼台烟雨中”，就是对当时佛教宗派文化空前繁盛的写照。在江南，佛教的根基已十分深厚，意味着杨广在那里少不了要做一些涉及宗教界的工作。

当杨广一行抵达江都时，江南的乱党多数已被平定，只有少量余孽未息，还在徒劳地做困兽之斗。但无休止的战乱留下了满目疮痍，有待进一步整顿修复。杨广就是肩负这项重任，被朝廷派来江南的。抵达江都之后，他目睹了战乱后的惨淡景象：所经之处遍地狼藉，个别地方还有叛军在负隅顽抗；不少贵族和文化界人士对新朝廷持犹疑观望态度，有些还心怀怨愤和敌视；僧人们流离失所，在残破不堪的寺庙中谋生，大批佛经散落各地。

战乱之后百业待兴，但整顿和恢复工作必须循序渐进。杨广此时年轻气盛，兴趣广泛，尤其陶醉于江南深厚的文化底蕴，因此被朝廷寄予厚望。在贤妻萧妃和几名心腹支持下，他坚定了信心，义无反顾地投入到了这项伟大的事业之中。

萧妃出身江南皇室，自幼却是民间长大，性格温和而有教养。作为丈夫的贤内助，她的品格几乎是无可挑剔的。杨广在她的帮助下，先以惊人的毅力学会了吴侬软语，然后聘请一位当地的望族人士从事招抚工作，获得了出人意料的成功。没多久，三百多个叛军头目都归降了。接着，他又马不停蹄，开始为打破南北方在政治、文化上的隔阂而努力。

“他必须说服江南人，说他们的新统治者并非夷狄，而是与其具有和珍视同一文化遗产的开化之人。”① 崔瑞德对他身负的使命洞若观火。

杨广以整顿和振兴江南文化为己任，在这上面倾注了极大的热忱和精力。鉴于当时佛教风靡一时，因此从当地拉拢一位享有崇高声望的佛界领袖，是很有必要的。杨广心思缜密，早就留心此事了。经过多方物色，他最终确定了一位当之无愧的不二人选——天台宗的智𫖮禅师。而在延请智𫖮之前，他早已经下令重新收集和誊抄散乱的佛经，在江都也

① 崔瑞德：《剑桥中国隋唐史》，第 2 章，第 4 节，《炀帝的个性和生活作风》。

新建了多处道场、佛寺和藏经馆堂，还召集了大批学者，致力于儒家典籍的编纂。

“他很得意，自认为功德无量，还写诗自夸。”① 袁刚介绍说。

年近六旬的智凯禅师，后来被奉为天台宗初祖，当时在江南广有德望。此前，他曾隐居深山长达三十余年，期间只是偶尔受邀出山，弘法传道。当杨广执着地请他出山讲法时，他一连婉拒了三次，最后才勉为其难答应了，但同时也提出了四项条件：

“殿下，对于佛法，请别对我期望过高！”

“我生性朴直，即便努力克制，也难保不忤逆他人，请勿以世俗规矩要求于我。”

“山野之人，素无拘束，若生山壑之念，请允许我去留自便。”

“我此行志在弘法，不愿阿世，若不合情势，还请不要见责！”

杨广对延请智凯极为重视，也甘情愿不计代价地付出。他先后多次屈尊延请，恭候禅师的大驾，虽然屡次遭到拒绝，但仍然矢志不渝。当对方终于被其诚心打动，肯应邀光临时，他的兴奋之情是可想而知的。为了隆重其事，他还特意在江都举办了一个盛大的斋席，有一千多名僧众应邀出席。

“弟子承蒙祖上积善，有幸生于皇家……如今耻崎岖于小径，希优游于大乘。”②

初次会晤智凯，杨广极为恭敬地表达了对大乘佛法的崇敬，并赠给了对方一顶天冠。然后，他在禅师面前跪受佛戒，获赠佛号“总持菩萨”。作为礼尚往来，智凯则接受了他恭奉的“智者”称号，后来便以“智者大师”名号著称于世。

这是一场伟大友谊的开始，尽管后来饱受批评与质疑，但还是维持了下来。即便智凯不愿久居江都，旋即离去，晋王杨广仍然不改初衷，以极大的耐心与他保持书信往来。禅师的一名弟子灌顶，谨慎地收录

① 袁刚:《隋炀帝传》，第 2 章，第 3 节。

② 《广弘明集》，第 27 卷,《晋王杨广受菩萨戒疏》。

两人的往来信件，共有 40 多封。杨广在信中言语极为恭敬，自称弟子，丝毫没有王者相加的逼迫口气。

杨广与智訚的这段交往，成为其早年生涯中一段不可忽视、却又难以评断的特殊经历。外界人士的反应，自然少不了热忱的赞颂，但更多却是各种责难和批判。出人意料的是，智訚在六年后圆寂，由此避免了后人更深的误会和猜测。

“莲花香炉，犀角如意，均是大王所施，今以仰别，愿德香远闻，长保如意。”①

智訚是在口述完这份告别辞后的第三天圆寂的。后来，灌顶奉命将其连同禅师的遗嘱一起捎带给了杨广。谁也无法形容，他阅览智訚遗书时的心情是何等沉重与悲痛。事隔多年之后，灌顶又回忆起当时的情形：这位年轻的亲王怀着无比沉痛的心情，远拜大师的灵仪，五体投地，呜咽不止。在那之后，杨广又在天台山设了一次千僧斋，并在一篇《功德愿文》中称：“生生世世长为大师弟子”②。

杨广采取这些举措时是心怀至诚的，很少有人怀疑这一点。崔瑞德甚至很肯定地认为，这是很合他心意的事。但后来，情况就慢慢地起了变化。有人开始怀疑，杨广这样做是为了求取双亲的欢心，因为他的父亲隋文帝杨坚和母亲独孤皇后都是虔诚的佛教徒。另外，有人还进一步发挥，称从中看出他志向远大，不甘屈居当时身为太子的长兄杨勇之下。

同样是崔瑞德，还观察了问题的另一面：

“他有强烈的政治直觉，为争取南方的高僧而把奉承、引诱和赞助等手段巧妙结合起来，以缓和南方精英的反对情绪。”③

无疑，这才是对杨广那段经历最为精辟的总结。

---

① 《隋天台智者大师别传》。

② 灌顶：《国清百录》，第 3 卷《王遣使入天台建功德愿文》。

③ 崔瑞德：《剑桥中国隋唐史》，第 2 章，第 4 节，《炀帝的个性和生活作风》。

夺宫之计

江南的局势已经稍有起色，杨广还继续坐镇江都。但那片小小的地方已装不下他日益膨胀的野心。他对未来的期许，首先当然是取长兄杨勇的太子之位而代之，将来成为整个帝国的君主；其次则是坐镇江南，等父亲杨坚驾崩后割据自雄，成一方诸侯，与长兄杨勇分庭抗礼。

当然，究竟前景如何，除了一厢情愿的畅想之外，更重要的还要看他具体如何操作。这其中，最关键的无疑是改变杨坚夫妇的态度。

若论治国勤恳、生活俭朴、清心寡欲，隋文帝杨坚堪称历代帝王的楷模。他是一个苦行僧式的皇帝。他之所以能够养成这些优良品质，并多年坚持下来，实际在很大程度上拜独孤皇后所赐。独孤皇后出身名门，是一名虔诚的佛徒，颇有文化和教养，政治直觉也不弱。在这方面，她几乎能与后来者武则天相媲美。但对丈夫和五个儿子影响最大的，却是其性格的另一面。她有很强的嫉妒心。

独孤皇后对丈夫和儿子们要求极度苛刻，还经常横加干涉他们的私生活。他们只要稍有不慎，就会受到责难。但因为她早年与丈夫同甘共苦，清贫度日，杨坚对她一直尊重有加，即便在荣登九五之后，仍然小心翼翼保持着一夫一妻的训条，丝毫不敢越雷池一步。不用说三宫六院、妻妾成群，杨坚在宫内拈花惹草都难得一遇。仅有一次，他看中了一个朝官之女，忍不住与她发生了关系。但没过几天，消息传到独孤皇后的耳中，那位朝官之女立马就被暗中处死了。

杨坚得知此事之后悲痛万分，独自一人从苑中策马而出，不由径路奔入山谷二十余里，直至大臣们尾追而来。这时，他因忍受不了心中的压抑，失声控诉道：

“朕贵为天子，而不得自由！”[1]

“陛下岂以一妇人而轻天下！”几个大臣规劝他道。

即便大臣们如此规劝，杨坚也没能很快恢复冷静。那天他在山谷中

① 司马光：《资治通鉴》，第 178 卷。

驻马良久，夜深时才赶回寝宫。好在天生的谨慎和克制使他保持了必要的忍让，而没有贸然采取不智之举。

杨坚与独孤皇后一共生有五子，长子杨勇不到二十岁就被立为皇储，杨广排行第二，被封为晋王。杨勇是个浪荡子弟，在私生活方面十分不检点，既不具备父亲的优良品质，与母亲的要求也相距甚远。独孤皇后出于母性的关爱，曾为他操办婚事，娶先朝王室之女元氏为妃。但他对元氏竟毫不理睬，继续与其他宠姬打得火热。

云定兴的私生女尤为得宠，她的待遇规格与元妃一般无二。元氏得心疾猝死后，她开始专擅东宫内政，这使独孤皇后大为不满。

独孤皇后的确已经派人在监视儿子们的日常作风，尤其是其出轨言行，杨广自然也在其列。但他从父兄身上吸取了教训，也熟谙母亲的性格与喜好，因而巧妙地避过了监视者的耳目。当几个兄弟还沉溺于胡吃海喝、声色犬马之中而不能自拔之时，他已凭着超越杨坚的谨慎与克制，悄无声息地脱颖而出，在父母和朝臣之中树立了声望。

其实，杨广自幼就比其他弟兄得到父母的更多宠爱。他天生容貌俊俏而不失庄重，这自然是无可挑剔的，更为关键的是，杨坚夫妇从监视者那里还看到了他的另一面：举止优雅，言语得体，待人谦卑，无不良嗜好；除正妻萧妃外，其余姬妾只是备员；侍从们均年老貌丑，衣着简朴；房屋里的帐幔老旧，琴瑟断弦，布满灰尘。但凡杨坚夫妇派去的使者，无论地位高低，都由杨广和萧妃亲自出门迎接，并摆设盛宴款待，之后还有厚礼相赠。

有这么一个近乎完美的儿子，杨坚夫妇自然由衷地喜悦。尽管长子杨勇早已被立为太子，但在独孤皇后的心目中，他与二弟杨广其实早已有了高低之分。杨广被派往江都任职后，杨坚夫妇令他每年回一次长安。杨勇的正妃元氏猝死于开皇十一年（591 年）初，在那个遥远的冬日，杨广恰好身在长安。不久，当他要返回江都，依依不舍前去与母亲辞别时，独孤皇后紧紧握住儿子的手，伤心地哭了。

“儿臣即将去镇守远方，就要和您分别，日后不知何时再来侍奉。儿臣对您的挂念，无时不凝结于心间。”杨广话未说完就匍匐在地，不停地哽咽抽泣起来。

“你远在藩镇，如今我又年老，今日一别，如同永别。”独孤皇后也伤心道。

“儿臣愚钝，见识低下，虽然一直谨遵兄弟之谊，但不知犯何过失，仍然失爱于东宫。大哥心怀愤恨，屡屡想加害于儿臣。儿臣常被各种诽谤和毒害所扰，一直忧心戒惧，谨小慎微。”

“我越来越无法容忍太子了。我为他娶妻元氏，希望兴隆基业，不料他竟毫不理睬，还一味宠爱那个阿云。元妃本无疾病，但突然就死了，还不是他派人投了毒药。但事已至此，我也无法追究，谁知他又对你打这样的主意。”一边说着，母子一边相对而泣。

“我如今还在人世，他尚且这样；等我死后，他还不知会怎么欺凌你呢？如今东宫没有正妻，你父皇百年之后，难道你们兄弟要向云氏的孩子叩拜吗？这是多么大的痛苦啊！”太后想到杨广惨淡的未来，已经悲不自胜。

与独孤皇后的对谈结束后，杨广从母亲的后宫出来，心情大畅。通过刚才一番谈话，他已探明了皇后的态度：杨勇的太子之位并非不可撼动。尽管独孤皇后是在无意之间表露意向的，但对杨广来说，这就已经足够了。

接下来，杨广在江都大力培植私人党羽，为自己的未来搭桥铺路。后来官至宰相的宇文述，就在此时成了他的主要心腹，开始帮他积极谋划夺宫之计。

东宫易主

宇文述是追随杨广最久的心腹之一。早在杨广被派往江都之前，两人就已保持着密切的私人关系，宇文述当时的官职是安州总管。杨广在决定与杨勇夺位之后，为了培植自己的羽翼，特意请求其父杨坚批准，将宇文述调到寿州任刺史总管。两人一拍即合，开始共谋夺宫之计。

按照宇文述的分析，在众多朝臣之中，既受隋文帝信任、又能影响

其决策的，几乎就只有杨素一人。因此，杨广要想扳倒太子杨勇，就必须得先打通杨素的关节，将其拉拢到自己阵营中来。

在这件事上，杨广对宇文述言听计从，很快就派他返回长安，去结交杨素的弟弟杨约。宇文述肩负重任，还带着一大批珍玩宝器，回到长安后，开始隔三岔五地邀请杨约畅饮、豪赌。

杨约与胞兄杨素同在朝中为官，虽然权位稍低，但两人关系极好，在朝中共同进退。这次宇文述一再相邀，杨约不便拂逆其盛情，几乎每次都很高兴地前去赴宴。但奇怪的是，即便每次已不胜酒力，但酒后赌博时，他仍能轻而易举将对方赢个精光。渐渐地，杨约意识到了对方是在刻意输财，只是一时还揣摩不透其意图。

“这些都是晋王的赏赐，让我与阁下一起玩乐。”宇文述的惊人之语出口，一下子使气氛紧张不少。

“这是要干什么呢？”杨约惊诧不已。

“您和尊兄杨素功勋盖世，执掌朝政多年，羞辱过的大臣不计其数。一旦皇上驾崩，谁来庇护您呢？现在，太子杨勇失宠于皇后，皇上已有废黜太子之意。那请皇上立晋王为太子之事，就仰仗您了。事成之后，晋王必会感恩戴德，铭记于心。您和尊兄有了新的后盾，地位也就稳如泰山了。”

对于杨约的回复，宇文述已记不清了。他只要确定珍宝被对方照单全收，其他的就无关紧要了。于是，一系列针对太子杨勇的阴谋，开始在悄无声息之中紧锣密鼓地策划出炉，然后付诸实施。没过多久，独孤皇后也参与了进来。她除了在丈夫杨坚枕边煽风点火之外，还投给杨素一笔活动经费，供他策动杨坚废立太子之用。杨素遵照她的旨意，亲自部署了一系列迫害太子的计划。

不知从何时起，针对太子的各种怨言、传闻、诽谤，开始纷至沓来，在朝廷中肆虐疯传。报道来自独孤皇后、杨素和被收买的东宫官吏，几乎无孔不入，很快充斥了整个朝廷，闹得沸沸扬扬。杨坚清楚记得，有一段时期，几乎每天都有太子的丑闻被爆料出来。

因为事关重大，谁也不敢轻易提出质疑。杨坚尽管生性谨慎，竟也未怀疑事有蹊跷。最初，他还以极大的同情试图理解不幸的儿子，但是众口铄金，加上他本人生性多疑、脾气暴躁，最终还是让负面舆论占了优势。

“这个儿子，我早就觉得不能继承皇位了，”有一次，杨坚伤心地对杨素说，“皇后老劝我废黜他，但他是长子，又是我身为平民时所生，我一心希望他能改过，已经忍耐至今了。”

尽管杨勇还在竭力为自己申辩，朝中几个支持他的大臣，也一再规劝杨坚不可草率行事，但随着时间的推移，局势已经日渐明朗。从东宫搜查出的各种可疑物品，作为太子谋反的证据，陆续呈报了朝廷。与此同时，杨素也在一旁不停地添油加醋，推波助澜。在这种情况下，杨勇的申辩显得苍白无力，甚至适得其反。

杨坚生性谨慎，为了避免自己武断决策，还在仔细倾听各种声音，然后细加甄别。但不少人注意到，他的态度已经有了明显倾向。开皇二十年（600 年）冬，当不利于杨勇的证据占据上风之时，杨坚终于坚定了废储的决心。

那天，废黜太子的圣旨是在武德殿内下达的。对于当时的情形，东宫的僚属和宫女们记忆犹新：文武百官和皇室宗亲分立于殿内两侧，在等待多时之后，杨坚才一身戎装，在护卫的簇拥掩护下姗姗来迟。杨勇和他的几个儿子跪在殿廷之上，默默等待着决定自身命运的时刻。在一阵冷寂的沉默之后，随着杨坚一声令下，内史侍郎正式宣读了将杨勇废为庶人的诏书。

“臣本应伏尸都市，为将来之鉴。幸蒙皇上哀怜，才得以保全性命！”

等诏书宣读完毕，杨勇跪拜在地上，再三伏首涕泣，悲痛欲绝。还没等说完上面的话，他已经泣下沾襟，伤心得不成样子。在那个酷寒的冬日，众人的沉默与怜悯加重了东宫里的冷肃气氛。

杨勇被废之后仅一个月，杨广就以胜利者的姿态入主东宫，将他变成了囚徒。从那以后，杨勇再也没能恢复自由。尽管他还心有不甘，试图再次面见父皇杨坚，申明自己的冤屈，甚至爬到树上去大喊大叫，试

图引起注意，但他的努力终究归于徒劳。东宫的新主人杨广，是不会轻易让他死灰复燃的。

“若所谋事果，自可为皇太子。如其不谐，亦须据淮海，复梁、陈之旧。”①

原来，杨广在谋划之初就做好了两手准备。

仁寿宫悲歌

“仁寿”是隋文帝的第二个年号。仁寿四年（604 年）夏天，杨坚在仁寿宫避暑时患病，日渐沉重。最初他只是略感不适，但后来病情日渐沉重，连御医也无能为力了。六月盛夏，他在全国宣布大赦，想为自己祈福延寿，但也丝毫无济于事。

这时的杨坚已经是一个六十多岁的老人，而且仍以惊人的速度衰老着。以前，他是一个不知疲倦的工作狂，惯于夙兴夜寐，埋头处理朝政，有时甚至秉烛达旦，夜以继日。他的这种工作状态保持了近二十年，连身边值班的宿卫都吃惊不已。他们有时实在受不了久等的煎熬，只好轮流换岗执勤。

开皇二十年的易储事件，无疑是杨坚执政生涯的一大转折点。紧接着第二年，他就颁布了新年号“仁寿”。这预示着政治基调的转变，他意识到自己日渐老去，早年的开拓进取精神已不复在，自己该安享晚年，而放手让新太子历练了。从那以后，他开始逐渐淡出朝廷，将一些不十分重要的政务交由太子杨广处理。

仁寿二年，独孤皇后的病逝使这种趋向更加明显。杨坚自然承受了沉重的亡妻之痛，但同时也得以从之前的阴影中解脱出来。他早年曾许下过从一而终的承诺，这时自然而然失去了约束力。此后，杨坚几乎将所有政务都压在太子肩上，自己则在待仁寿宫，招姬纳妾，声色犬马，乐此不疲。他这次生病，除因年老体衰以外，可能还有一大诱因，就是

---

① 魏征等:《隋书》，第 61 卷《宇文述传》。

被长期的纵欲掏空了身体。

新太子杨广谨慎有加，精明能干，处理国政有条不紊，很合老皇帝的心意。他这时最大的期待，当然是在监国理政上表现得优异，以赢得其父杨坚的信任和宽心。朝中的大臣们对此心知肚明，彼此也都心照不宣。在这一特殊时期，大家都默默地努力适应着，尽量做到相安无事。

先前，的确有一些骨鲠之臣敢于批评朝政，或十分直白地向皇帝进谏，还有一些野心家则刻意煽风点火，试图搞起点风浪。现在都已不绝如缕，难得一见。大儒王通满腹经纶，偏偏不知趣来进献《太平十二策》，就很不幸吃了闭门羹。对于一个勤政二十多年、如今已届耳顺的老皇帝，大臣们也没必要再抱太大的奢望了。

但就在大家小心翼翼，竭力避免触动杨坚的敏感神经之时，谁也不曾料到，这段难得的平静竟被一个江湖术士打破了。

此人名叫章仇太翼，据说博学多识，兼通佛、道两教，其实最擅长的是占卜术。他早年行事低调，不事张扬，一度隐居深山。但慕名而来的受业者仍然络绎不绝，还是使他名声大噪。

有一则传闻称，章仇太翼通过占卜术，早就料知前太子杨勇不成大器，但无奈迫于形势，还是不得不接受邀请，前去效命。结果杨勇一失势，他也就身受牵连，有了性命之虞。好在老皇帝杨坚怜惜其才华，最终法外开恩，给他免了死罪。仁寿四年的春末，他恳切地劝阻杨坚驾临仁寿宫，或许就是知恩图报。但当时包括杨坚在内，根本没有人相信他的先见之明。于是在情急之下，他便以惊人之语打破了宫中的和谐气氛：

“这次出行，恐怕主上就回不来了。”

杨坚当时已过耳顺之年，听了这大不敬之言，也当即怒不可遏，接着就下令将章仇太翼投入了大狱。

“等朕回来后，定要将他处死！”

杨坚气冲冲留下这句话，就起驾西行了。

仁寿宫是杨坚在岐州盖的一座离宫，是巧匠宇文恺的手笔，位于京师西北几十里，修建时虽然耗费人力、物力颇多，但竣工后很得杨坚满意。杨坚每逢夏天耐不住京师的烦热，都会到那里避暑，这自开皇晚期

已经成了惯例。章仇太翼这次出言不逊，的确出乎众人意料。

谁也没有对章仇太翼之语报以足够的重视，但后来他的话竟真应验了，杨坚在仁寿宫果然没能度过那个夏天。当在病榻上奄奄一息之时，他又想起被投进监狱的章仇太翼，对自己之前的草率之举悔恨不已。这时，太子杨广及满朝文武闻知他已病重，从长安专程赶来仁寿宫问安。杨坚先与百官一一握手诀别，后又派人从大业殿找来太子，当面嘱托他道：

“章仇太翼看来确非寻常之人，有未卜先知的本领。你即位后把他放了吧！”

人之将死，其言也善。难得杨坚临终时幡然醒悟，大发慈悲之心，有意想释放章仇太翼。太子杨广秉承杨坚的指示，表示一定按其旨意办理，但实际上并没有把这太当回事。他眼下考虑更多的是一旦杨坚驾崩，该如何处理其后事，并确保自己能顺利继承大统。这里毕竟不是京师，像老皇帝驾崩这样的大事，如果处置不当，极有可能引起国家的动荡。诸如释放章仇太翼之类的小事，当然不能与其同日而语。

对于如何做好当前的权力交接，即便如杨广般的青年才俊，心思缜密，英明果断，也还是感觉力不从心。幸亏杨素此时恰好也在仁寿宫，杨广便写信向他请教。杨素早将自己的政治前途押在了太子身上，收到太子来信当然不敢怠慢，非常耐心、细致地一一做了回复。但不料百密一疏，回信被误传到了杨坚的寝宫。

太子与杨素商讨权力交接问题，实际是提前给杨坚安排后事，这当然会引起他的不悦。杨广花费十余年培养起来的父子关系，因此而笼罩上了一层阴影。尽管事情还不至于坏到不可收拾，但紧接着发生的另一件事，却真正促成了父子关系的破裂。

杨坚晚年宠幸的两名女子，其中之一是宣华夫人陈氏。她本是南朝皇帝之女，之前曾与杨广串通，在杨坚耳边煽风点火，帮他扳倒了前太子杨勇。有一则传闻称，在杨坚驾崩前夕，杨广非礼陈氏未遂，在杨坚的逼问下东窗事发了。这使本已出现裂痕的父子关系更加雪上加霜。

杨坚为此大动肝火，甚至又起了易储之念，想再恢复长子杨勇的太子之位。但如今新太子羽翼已丰，再想易储谈何容易呢？杨素很快探得了消息，并秘密传达给杨广，督促他当机立断，提前下手。

在这种情况下，摆在太子面前就只有两条路可选了：要么铤而走险，主动出击；要么坐以待毙，放弃皇位。

以杨广的性格和作风，他当然不会轻易退缩。他几乎没有犹豫，就让宇文述调集了东宫的宿卫人马，火速赶到仁寿宫，将其团团包围起来，里面的侍从也都遭到驱逐和软禁。杨坚孤身一人，绝望地躺在病榻上，当晚就过世了。①

一场潜在的危机，就这样被太子杨广雷厉风行，果断而迅速地解决了。尽管杨坚死得蹊跷，外间不少人对此议论纷纷，但眼前的一切已成既定事实。在杨坚的遗体被运回长安下葬之前，太子杨广就在仁寿宫顺利登基了。

汉王之乱

“一张纸，两张纸，客量小儿作天子。”②

当这首童谣传到汉王杨谅的耳中时，它不知已在并州流传了多久。有人说它是一些心怀不轨之人想怂恿杨谅造反而刻意编造的，有人相信这是代表上天意志的谶语，更多人则表示对此毫不知情。至于真相如何，恐怕谁也说不清。不过，汉王杨谅对此有自己独到的解释：

“我幼字阿客，‘量’与‘谅’同音，我在皇家排行最小！”

杨谅对此童谣非常重视，并对照自己的名字进行了认真剖析，发现两者出奇吻合。由此，他更坚定了自己当皇帝的决心。

杨谅是杨坚与独孤皇后的幼子，自幼颇受父母的宠爱，由此也获得了许多特权。但他心里清楚，除已经夭折的三哥秦王杨俊之外，其他几位兄弟都被新太子视为潜在威胁，必须要铲除而后快。这几年，随着长

① 关于隋文帝之死，《隋书》《北史》《资治通鉴》等正史均语焉不详。但我们可以断定，杨广派兵包围仁寿宫和驱逐侍从之举，加速了隋文帝的死亡。

② 魏收：《北史》，第71卷《隋宗室诸王》。

兄杨勇和四哥蜀王杨秀先后被废，上述判断已被验证为实。

“照这样下去，下一块砧板上的鱼肉就非自己莫属了。”

杨谅暗自盘算着，开始为已成为囚徒的兄长和自己的前途担忧了，他的担忧最终演化成了仁寿四年（604 年）七月的一场大规模叛乱。

杨谅在举兵之前先接到了一封诏书，让他离开自己的驻地，前往西京长安。通过盘问来使，他有十足的把握断定，诏书并非出自父皇杨坚之手，而系他人伪造。因为杨坚早先曾与他立下密约，凡是招他进京的诏书，“敕字旁必加一点，还要与玉麟符相契合”，否则不可奉诏。

杨坚的这番良苦用心，一来是为了保全儿子，一来担心朝廷若被篡夺，尚有地方捍卫社稷。现在，假诏书的出现意味着朝中有变，杨广的“调虎离山”之计被轻而易举识破了。杨谅先驱逐了中央来使，然后立马扯起了叛旗。

他蓄谋已久，准备充分，一起兵就调动了 30 万兵马。而杨广却仓促应战，只临时调集了几万人马。杨谅以这样的优势兵力反叛，进足以抗衡中央，退则可自保山东。

“大王的兵力远非京师之敌，加上新皇帝登基，君臣地位已定，山东之军恐怕难以取胜。大王一旦沦为叛逆而被追究刑罚，就求作平民而不得了！”

在杨谅举兵前夕，一位名叫皇甫诞的僚属哭着规劝他不要造反。但此举毫无效果，杨谅勃然大怒，立马将其投进了大狱。

实际上，早在杨坚驾崩之前，杨谅就在防备太子向自己磨刀霍霍了。他的辖地并州位居崤山以东、黄河以北，辖有 52 州，是天下精兵汇聚之地。他手中的重兵，是他早先为避免重蹈兄长的覆辙而大肆扩军的结果。杨谅据以对抗新皇的资本之雄厚，的确让人生畏。

但在万事俱备之后，杨谅还有一个重要问题难以解决——师出无名。

“就以杨素谋反为由吧！”他就这样定下了造反的口实。

这是一步臭棋，在政治宣传上就已丢分了。要知道，当时最值得利用的是先皇死因不明，天下议论纷纷。如果打出新皇弑父，自己替父报仇的旗号，这就颠覆了新皇的合法性，也给自己赢得了名分。可他说杨素造反，只要新皇出来辟谣，他就无计可施了。

“大王部属的家眷多在关中，您若想任用他们，就该长驱直入，直捣京师。您若只想割据并州，就应任用山东人。”杨谅起兵之初，一个名叫王頍的谋士为他谋划道。

“大王可令老弱屯守山东要害，顺便攻城略地；同时集中精锐，向西直入蒲津关，迅速攻克霸上。到那时，京师上下惊扰，已无暇集结军队，大王便可陈兵以待，发号施令。”另一谋士裴文安见主帅举棋不定，又补充献计道。

汉王杨谅听了两位谋士的建言，欢喜雀跃，依计而行。裴文安大喜过望，立即调兵遣将，以惊人的速度直逼近蒲津关。这时，对方尚未来得及布防，守城官吏除有少数弃城而逃之外，躲逃不及的都成了俘虏。本就充满变数的战局，这时愈加扑朔迷离。

但就在这时，杨谅因为心生畏惧，开始自乱方寸，在一番犹豫之后，竟向前线下达了撤军令。

“用兵之机，贵在诡速。我本想出其不意，攻其不备。不料大王临阵变策，召我回军，使敌方转危为安。如今大事去矣！”

在叛军节节获胜之际，裴文安收到了主帅的撤军令，显然既充满了疑惑，又失望至极。

对于裴文安的责难，杨谅并未做正面回应。他依然在随心行事，责令众将立即停止进攻，分散防守于山东各地。就这样，战场局势在悄无声息中骤然逆转。不久，有消息传来，称杨素的部队已衔枚夜渡黄河，攻克了蒲津关，之后又增添几万军队，由蒲津关向东开拔，开始反守为攻。

要知道，汉王杨谅是叛军，虽然兵力暂时占据优势，但总体实力不如朝廷，所以贵在神速，只有打对方一个措手不及才能取胜。朝廷虽因一时准备不足而居劣势，但只要赢得时间就能调兵遣将，发挥整体优势。叛军主动放弃优势，拿自己弱项拼对方强项，是自找倒霉。

实至名归

“为政以德，譬如北辰，众星拱之！”

“法、势、术，不可一无，皆帝王之具也！”

孔子和韩非，分别是儒家和法家的代表人物。两人以简明而深刻的语言所概括自己所属学派的基本主张，对后世影响至深。中原几千年政治文化一贯追求德政，但也素来不乏阴谋和权术的基因。主政者时而施以德政，但其中也不乏基于情势需要而刻意为之者。将权谋与德政结合之人，多半若不是盛世明君，就是大奸大恶。

在玩弄权谋和标榜仁德方面，新皇帝杨广恰是一位不可多得的高手。其父杨坚在世之日，他不动声色十余年，以非凡的隐忍与克制作伪装换取了丰厚的回报。杨坚驾崩后，他如愿以偿荣登大宝。在那之前，他对自己的登基大典充满期待，但又因不知何日实现而心感焦虑，担心夜长梦多，会横生枝节。独孤皇后辞世后，他曾托宇文述向一位精通占卜的官员致谢：

“您之前说我会当太子，果然应验了。如今您为母后占卜陵地，务必使我早些即位。我做了皇帝，一定厚恩相报。”

“四年后，您就会君临天下。”这位官员很肯定地回答道。

其实，这位官员还有一句话没敢说出口：“您一旦执掌朝政，王朝就要覆亡了。”

杨坚的驾崩离这次谈话不到两年。这等于说，占卜者的话没有应验，杨广的登基梦提前实现了。这则事例所说明的问题，与其说是杨广的迷信，不如说是他对于执掌王朝最高权力的急切和担忧。现在，随着杨坚的驾崩，他潜在的担忧烟消云散了。

已有经验表明，权力不稳意味着皇帝本人有性命之忧。杨广在即位之初，虽然处处谨慎，但废太子杨勇仍在监禁之中，其潜在威胁令他如芒在背。为了免除后患，他在发布杨坚的凶信之前就伪造诏命将其勒死了。那之前，他还曾用对付长兄的办法捕风捉影，捏造罪名，陷害四弟蜀王杨秀，使他从驻地成都召回京师，在饱受父母责骂后失去了权力。

最后他为了对付最后的威胁五弟杨谅，又如法炮制，先以调虎离山之计将他调离辖地，然后再设法铲除。但是，对方一眼就识破了他的诡计。

于是，两人就只能在战场上见分晓了。

几千年来，中原王朝素以文明之邦自诩，实际在权力争夺方面与草原少数民族并无二致。两者仅有的区别似乎只在于，中原王朝的政争权者喜欢以阴谋诡计搞垮对方，而草原少数民族则直接诉诸武力。但无论何种方式，到头来总归是同胞相残，成王败寇。权力传承中的流血问题，似乎从未得到真正解决。

杨广在得知杨谅反叛时，基本没有应战能力。他登基才一个月，根基尚不稳固，也受到一些外界的质疑。政府集结的兵力，还不足对方三分之一。事实上，由于被叛乱所扰，杨坚的葬礼都被迫停止了。

杨谅绝非乃兄的敌手，杨坚对此早有先见之明，所以规劝他不要有非分之想。但这善意的警告早被杨谅抛之脑后了。尽管其兵力多出数倍，且奋力作战，但主帅统御无方，又临阵多变，结果仍被杨素占尽了优势。举兵一个月后，杨谅在晋阳束手就擒，果然不出杨坚生前所料。

在此期间，杨广的心情是可想而知的。一直等到桀骜不驯的弟弟被押解回京，他心里悬着的石头才总算落了地。他的天子大位终于实至名归。

随着叛乱被平定，杨谅这个入笼之鸟、离水之鱼，已彻底沦为阶下囚，不再具有任何威胁。接下来，在朝堂讨论如何处理此事时，多数大臣揣摩圣意，见风使舵，义正词严地请求斩草除根，永绝后患。但出乎意料，杨广却显示了内心脆弱的一面：

“我始终缺少兄弟，心里不忍心说，希望法律能宽恕杨谅一死”。

杨谅当时已无任何威胁，杀与不杀意义不大。关键是杨广刚即位，百姓和群臣都在翘首以待，不滥杀戮能凸显他的宽仁形象，为自己捞取好的名声。

杨广的旨意被下达以后，杨谅被削籍为民，并从宗室中除名。新朝廷总算是高枕无忧了。接下来，杨坚的葬礼也被重新提上日程。此前，他的遗体已从仁寿宫运抵回京。杨广为了表示孝道，将其安葬于太陵，与独孤皇后同坟异穴。服丧三个月后，他诏令天下臣民除去丧服，只自

己身穿浅色黄衫，束着铁饰的衣带。

这是旧时代唯一的遗迹！

大事记（一）

北周天和四年（569 年）

杨广出生，一名英，小字阿摐，隋国公杨坚次子，美姿仪，少敏慧，特为父母所钟爱，因父功勋封雁门郡公。时周武帝宇文邕在位，其堂兄宇文护专政。

建德六年（577 年）

周主亲征灭北齐，统一北中国。杨坚随兵出征。

隋开皇元年（581 年）

隋王杨坚篡周自立，定国号隋，立独孤氏为皇后，长子杨勇为太子。杨广被封为晋王，后进位上柱国、河北道行台尚书令。杨广好学，善属文，沉深严重，朝野属望，时称仁孝。

开皇二年（582 年）

杨坚夫妇为杨广选妃于梁国。根据占卜结果将萧氏策为王妃，当年与杨广完婚。

开皇六年（586 年）

杨广转任淮南道行台尚书令，不久拜雍州牧、内史令。

开皇九年（589 年）

杨坚以杨广为行军元帅，出兵 51 万灭陈，于当年结束南北朝分裂局面。

开皇十年（590 年）

江南反叛。杨坚坚持剿抚并用，任命杨广为扬州总管，坐镇江都，每岁一朝。杨广在萧妃帮助下开展文化安抚工作，同时结交杨素、宇文述等，与长兄杨勇争夺皇储之位。

开皇十五年（595 年）

杨坚采纳杨广及百官上表，东巡祭祀泰山。

开皇二十年（600 年）

突厥达头可汗犯塞，杨广奉命出师迎敌。太子杨勇失宠被废，杨坚改立杨广为太子。

仁寿二年（602 年）

独孤皇后病逝。杨广指使杨素构陷四弟蜀王杨秀，杨坚信以为真，将杨秀废为庶人。

仁寿四年（604 年）

杨坚在仁寿宫病逝，杨广即位。汉王杨谅在山东叛乱，响应者十九州，旋即被杨素平定。

第二章　兴　作

"自古天子有巡狩之礼，而江东诸帝多傅脂粉，坐深宫，不与百姓相见，此何理也？"

建都之争

仁寿四年（604 年），杨坚的驾崩，验证了章仇太翼卜策术之高超。他这次牢狱之灾为时半年有余，最后不过是一场虚惊。因为杨坚临终前的嘱托，新皇帝杨广即位没多久就将其无罪释放了。

章仇太翼这次大难不死，其在朝中的地位反而稳步上升。当杨谅在山东举兵反叛之时，杨广对平定叛乱的信心不足，并就此事向他咨询。他扬口就说：

"叛乱怎么能成功呢！"

果然，章仇太翼的预言再次应验了。仅一个月后，叛乱者便束手就擒。这更增加了章仇太翼在朝廷中的威望。那以后，连朝政决策都不乏他的影响。甚至有人认为，杨广兴建东都洛阳也是受了他的蛊惑。

根据一则传闻，在叛乱被平定的那年冬天，章仇太翼曾向皇帝进言："陛下木命，雍州为破木之冲，不可久居。"[1] 由于杨广早年被封为晋王，他还特意附加了"修治洛阳还晋家"这样一条谶语。他大概早就

---

[1] 司马光：《资治通鉴》，第 180 卷。

洞悉皇帝对卜策之术有浓厚兴趣。

实际上，杨广不仅是一名卜策爱好者，更有着颇为精深的钻研，堪称一位业余专家。很多年后，当江北半壁河山落入叛军之手，他躲在江都无所事事，就经常夜观天文，预测本人及朝廷的命运。

尽管如此，他对占卜术并不迷信，有时甚至不屑一顾。即位之初，他想将年号定为“大业”，认为只有这才能体现他缔造千秋伟业的远大抱负。即便当时有人认为该年号“于字离合，为大苦末也”[①]，劝他重新考虑，但他根本不以为意，仍然坚持己见。

这就意味着，章仇太翼虽曾建言迁都洛阳，但杨广并不一定就是听了他的提议之后，一时心血来潮或突发奇想才决定兴建东都的。这不是一个算命先生两句话就能左右的，而是皇帝深思熟虑的结果，也符合国家发展的需要。

此外，还有人考察了朝廷建都洛阳的来龙去脉。他们搜集的证据表明：早在隋文帝初年，朝廷围绕定都问题曾爆发过一次大争论，建都洛阳的方案那时就出炉了，只是隋文帝出于谨慎考虑，最终未予采纳。

当年那场争论的焦点问题，即朝廷应定都长安还是洛阳。杨坚本人一度钟情于洛阳，而且得到不少朝臣的支持。江南名士陆知命就是其中之一，为争取朝廷都洛，他还特地呈上了一篇《太平颂》。杨广那时只有十五六岁，也是都洛派成员之一，只是人微言轻，其意见不受重视。

对于定都长安还是洛阳的问题，可能每位大臣都有自己的见解，并能以充足的理由加以论证，但在这方面，没有比李隆基的总结更为精辟的了：

“帝业初起，崤函乃金汤之地；天下大定，河洛为会同之府。”[②]

长安地处关中盆地，位置偏西北，其西南是连绵起伏的秦岭－六盘山脉，北边是广袤无际的黄土高原，东边有黄河奔腾直下，蜿蜒东

① 司马光:《资治通鉴》，第 180 卷。

② 李隆基:《幸东都制》，出自《全唐文》第 20 卷。

去，其间土地肥美，资源阜盛，素有“八百里秦川”“天府之国”的美誉。但作为国都，它的影响具有两面性：在战乱割据年代，关中政权进可攻取天下，退可闭关自保；而天下承平之时，却不利于与江南、山东地区的交流。

洛阳位于关中、山东、江南三地结合部，素来被认为是“天下之中心”，其间地势开阔，河流广布，水陆交通便利，可以辐射四方，便于各地间的物资集散；但同时田地贫瘠，无险可守，四面受敌。天下承平时，它的优势可以充分发挥，而天下衰乱时，其劣势也十分明显。

对朝廷而言，定都之事关乎国运的盛衰，是一件特别隆重的大事。杨坚是一个谨小慎微之人，选址时必定综合各种因素来权衡利弊。那时，山东被纳入长安朝廷治下只有四年，江南还存在着一个独立政权，国家形势还远算不上稳固。有鉴于此，他经过再三权衡，最后选择了在长安旧城西南的龙首山建立新都，即“大兴”城。

洛阳就这样与首善之区的资格失之交臂了，之后一拖就是二十多年。很多年后，杨广在那封著名的营建东都诏书中，仍对此表示遗憾：

“我有隋之始，便欲创兹怀、洛，日复一日，越暨于今。念兹在兹，兴言感哽！”[①]

不过，隋文帝当初选址长安建都，只是迫于“帝业初起”，天下形势尚不稳固。而到他统治的晚年，天下的形势大有改观，与当初已不可同日而语。关中、山东和江南被纳入同一个朝廷的统治之下，帝国版图空前庞大，十余年间政通人和，人口由当初的900万骤升至近4000万，国势获得了前所未有的长足进步。

这正是李隆基所谓“天下大定”的局面，作为“金汤之地”的长安显然已不能满足作为帝国中枢的需要，而洛阳则日渐凸显出其“会同之府”的优势。有迹象表明，杨广在被确立为太子之后，曾又将建都洛阳这一搁浅二十年的方案提上日程。只是杨坚当时年岁已老，已不复有往年的魄力，实际举措要等其驾崩之后才能被付诸实施。

① 魏征等:《隋书》第3卷,《炀帝纪（上）》。

由此，关于营建东都一事，杨广在多大程度上受了章仇太翼的影响，恐怕不易断定。更可能的情况是，章仇太翼早就了解到他有此心思，所以才在平叛之后给他提议建都洛阳。而且，该事件还有后续报道。在章仇太翼提议之后，杨广又专程驾临洛阳，进行了实地考察。

那时正值隆冬时节，杨广和一班大臣抵达洛阳古城，登上了北邙山。他们在山上极目远眺，但见南方香山、龙门山对峙，中间有伊水穿流而过，宛如一扇天然形成的门阙，气象雄伟壮观。杨广观览周遭，心中喜悦，随即转身回问群臣：

“此非龙门耶？自古何因不建都于此？”

“自古非不知，以俟陛下。”[①]

群臣之中，唯独苏威的回答巧妙而精到。由此看来，在众多朝臣之中，洞悉皇帝建都洛阳意图的并非只有章仇太翼，苏威也是其中之一。

杨广对苏威的问答十分满意，当时龙颜大悦，就此定下了重建东都的计划。不久之后，他在那封著名的“营建东都诏”中，再一次表达了继承其父遗志、完成建都洛阳事业的决心：

“朕肃膺宝历，纂临万邦，遵而不失，心奉先志。”[②]

东都的辉煌

大业七年（611 年），西突厥可汗阿史那达漫在汗位角逐中败于射匮，自高昌一路辗转至涿郡，参加了杨广征伐高句丽之役。远征失败后，他跟着皇帝随败军撤回中原，第一次亲睹了东都洛阳的盛况。对于这座首屈一指的世界大都会，他之前只是耳闻，从未亲见。

当时正值深秋九月，万物萧瑟，满目萧条。远征的失利，又凭空增添了几分凄凉的氛围。即便如此，阿史那达漫仍然被东都的宏伟所震慑。这座古老的新城，雄伟壮丽，庄严华美。说它古老，是因为此前已

① 李吉甫:《元和郡县志》，第 5 卷《河南道·河南府》。

② 魏征等:《隋书》第 3 卷,《炀帝纪（上）》。

有七个王朝先后在此定都，时限在一千年以上。但眼前这座城却是崭新的，旧城在罹遭战乱后早已破旧荒废，这座新城刚建成五年。

阿史那达漫这次在洛阳呆了半年之久，之后还要多次前来，必定对营建东都的一些细节有所耳闻。

据他了解，东都工程是从初春三月开始的，到次年年初就竣工了，速度之快令人咋舌。在这期间，朝廷每月征发丁男有 200 万之多。由于工期紧迫，官吏严加督役，致使服役之人死者近半。他们的尸体被载于车中，络绎不绝向外运送，相望于途。

兴建东都洛阳，是杨广即位后的第一大手笔，他为此专门组建了一个由杨素、宇文恺、裴蕴、裴矩等宰相重臣参加的工作班子。总监杨素只是名义上的总负责，实际的规划、设计都是出自副总监宇文恺之手。他是当时首屈一指的建筑巧匠，之前的大兴城、仁寿宫、广通渠、太后陵寝等工程都是他的手笔。

洛阳城的规划基本依据大兴城，由郭城、皇城、宫城三部分组成，但规模要小四分之一左右。由于地形限制，宫城并不在城市中轴线上，而在偏西北的一处高坡上，在此南望伊阙，可以俯视全城。那里殿堂林立，是皇帝寝宫及御前议事殿阁之所在。皇城围绕宫城东、西、南三面，是百官衙署和禁军卫府驻地。郭城又居于宫城之外，是百官府第和百姓街坊，其中辟有通远（北）、丰都（南）、大同（西）三市。

显仁宫又称西苑，是一座随洛阳城配套建设的皇家禁苑。宇文恺为迎合皇帝的心意，专门从长江以南、五岭以北搜集了各种奇材异石，千里迢迢运到洛阳。苑内还有各种嘉木异草、珍禽奇兽，也都是远近各州郡官员进献皇家的。即便在秋冬时节，里面花木的枝叶也都鲜艳如新，那都是用彩带裁剪而成，然后点缀上去的。

更堪称奇迹的是，苑内一个人工湖中还建有仿真版的蓬莱、方丈、瀛洲三座仙山，高出水面百余尺，上面台观殿阁星罗棋布。给湖注水的渠被命名为龙鳞渠，沿途十六座宫院一字排开，各由一名四品夫人主持。一千年后，袁于令仍然对东都宫院的豪华赞叹不已：

“二百里海山开胜景，十六院嫔御斗豪华。”[①]

如此奢华壮丽的西苑，当然为杨广所钟情。他时常在月朗之夜来到苑内，每次带着几千名宫女，在马上弹奏自己创作的《清夜游曲》，别有一番雅趣。

洛阳城的另一配套工程是粮仓。杨广对东都洛阳的定位，不仅是全国的政治、经济、文化中心和交通枢纽，还是帝国的“粮仓”。早在隋文帝时代，朝廷已经在西京长安附近修建了永丰、黎阳等仓。杨广仍不满足，即位后又接连兴建了含嘉、回洛、兴洛等仓。

“回洛仓城为长方形，东西长1000米、南北宽355米，面积约相当于50个现代的国际标准足球场。整个仓城仓窖的数量大致700座左右，一个仓窖可存储约50万斤粮食。”2012年10月，洛阳市文物考古研究院的工作人员称，“粮食保存得很好……到了唐贞观年间还没吃完，依然可以食用。”[②]

当然，一座都市的兴起，只有富丽堂皇的建筑是远远不够的。杨广早就意识到了这一点。在动土开工之前，他已下令从各州郡搬迁平民和几万富商到洛阳，使人口骤增过百万，成为名副其实的世界大都会。

东都工程于大业二年（606年）初竣工，持续了一年有余。杨广为了能在来年接待东突厥启民可汗一行时夸耀帝国的富庶繁盛，于当年下诏征集全国的乐户。不久，四方散乐齐集东都，杨广在芳华苑积翠池侧举行了一次盛大的检阅仪式。旁观者可以尽情观赏鲸鱼喷雾、竿上舞蹈、魔术艺人吐火等技艺表演。艺人们穿着锦绣缯彩的华丽服饰，舞者身上环佩叮当，点缀着花色的羽毛。京兆、河南两地奉命承担制作彩服的任务，以至于两京的锦缎彩绸为此空竭。类似的表演在大业六年（610年）还举办过一次，当时仅奏乐者就有一万八千人之多，乐声几十里外都能听到。从黄昏至清晨，灯火照亮了天地，一直持续半个月方才结束。以后年年如此。

① 袁于令:《隋史遗文》，第26回。

② 李燕锋:《回洛仓：仓窖超700座，储粮3.55亿斤》，载《洛阳晚报》，2013年1月25日版。

阿史那达漫那次见到的洛阳城，就正处于空前的繁盛时期。丰都市是专门供商人做生意的场所，来自世界各地的商人齐集于此。凡商人路过街衢的酒食店，店主们都会热情地邀请他们入座，招待他们酒足饭饱之后，还不取酬偿。

“中国富饶，酒食照例不要钱。”店主们奉命如此夸嘘，令商人惊叹不已。

但东都的繁华只是昙花一现，维持了不到十年。它后来相继遭到杨玄感叛军、瓦岗军、唐军等各方势力的蹂躏和摧残，直到七十年后武则天在位的年代，才又恢复了昔日的风光。

关于东都的兴建，还有一个令阿史那达漫难以理解的问题：在动工之前，杨广在诏书中一再强调：“非天下以奉一人，乃一人以主天下也。民惟国本，本固邦宁，百姓足，孰与不足！今所营构，务从节俭……有司明为条格，称朕意焉。”① 但到后来，施工者为何要将东都建得如此豪华壮丽？

对于杨广的这份诏书，多数臣民或许只将其置之一笑，当作茶余饭后的谈资。但该工程的规划兼实施者宇文恺，必然不会这般大意。他肯定不只详细琢磨了诏书内容，还小心翼翼从中揣摩了发布者的真实意图，否则，即便他的技艺再巧夺天工，其创作也未必能那般受主政者青睐，迎合其心意。

对宇文恺而言，明晓诏书的字面意思其实不足为奇，更重要的是通过这清楚无误的白纸黑字，参透皇帝所要表达的深意。皇帝作为一国之主，有时为了顾及颜面，很多话不便明说，而需要借助于暗示或反语来透露本意。能精准拿捏其意图并贯彻之人，才更容易受重用。当然，这是一种秘而不宣的潜规则，只有精明之人细加揣摩，日久才能心领神会。这是中国政治“无声胜有声”的高妙艺术。

宇文恺虽然是少数民族，却能闻弦歌而知雅意，很好地领悟这一点。他的这项能力，最起码是同为少数民族的阿史那达漫无法企及的。

---

① 魏征等：《隋书》第3卷，《炀帝纪（上）》。

否则他日后也不会惨遭毒手，身首异处。当然，仅凭这一纸诏书，宇文恺是远不足以揣摩皇帝真实意图的。政治事件总以其复杂性令人头昏脑涨，望而生畏。若将视野拓宽，人们或许会发现，许多当前发生的重大事件其实肇因于多年以前，只是当时微不足道，尚不足以引起重视。

在营建东都问题上，判断杨广所追求的风格是奢华还是简朴，至少以下两点应该被充分考虑：

首先需要考虑的是，隋文帝杨坚自创立基业以来，经过二十多年惨淡经营，将一个原本简陋不堪、危机四伏的小朝廷建设成了一个国富兵强、百姓安乐的大帝国。等到杨广即位时，全国的登记户已由开皇初年的 400 万户攀升至 890 万户，国库储备可供全国五六十年之用，而且天下承平、外患不兴，除了被迅速平定的杨谅反叛之外，再无其他兵革之祸。这样一个安定祥和而又繁荣富庶的国家，正为杨广提供了登基后肆意挥霍的资本。李世民对此洞若观火，后来曾发感慨道：

“帝恃此富饶，所以奢华无道，遂致灭亡。”①

此外，杨广还是一个行事风格十分独特的君主。他自视甚高，即位时正值年富力强，又富有开拓精神，显然不想辜负眼前这百年一遇的大好形势。否则，坐拥杨坚丰厚的遗产，即便平庸之君无所事事，也足以坐守其成。但如果那样，杨广也就不会成为他自己了。

“他富有想象力，也愿意尝试，并且能在各种琐事间表现其个人风趣。”② 黄仁宇之语无疑是杨广独特个性的最佳写照。

气贺泽保规的总结则带有综合性：“他依仗隋文帝时代留下的资本，亲自冲锋陷阵，企图一气呵成达成目的。”③

考虑到以上因素，若还以为“务从节俭”是杨广的真实意图，那只能归结于理解力偏低了。其实，这不过是杨广自我掩饰的惯用把戏。宇文凯对此把握得相当精准，早就解读出了皇帝与在诏书中表达恰好相反

① 吴兢：《贞观政要》，第 34 卷《辨兴亡》。

② 黄仁宇：《赫逊河畔谈中国历史》，第 17 章《隋炀帝》。

③ 气贺泽保规：《绚烂辉煌的世界帝国：隋唐时代》，第 1 章第 3 节，《炀帝的“暴政”与隋末的大动乱》。

的意图。

通过多种因素揣摩出皇帝的真实意图，这正是宇文恺的高明之处。这在他早先营建长安城及仁寿宫均能令杨坚夫妇满意一事上，早已有所体现。

成也运河，败也运河

大业元年（605 年），东都洛阳竣工之前，杨广颁布了这么一道诏书：

“听采舆颂，谋及庶民，故能审政刑之得失；今将巡历淮、海，观省风俗。”①

杨广与其父杨坚在治国理政上最像的一点是，两人都是工作狂，一年到头都在为国事操劳，从来闲不住。但在这方面，两人也有很大的区别：杨坚在位二十余年，除晚年每逢夏季到仁寿宫避暑、两次因长安缺粮而就食洛阳和一次东巡泰山之外，几乎从未离开过长安；而杨广在十四年执政生涯中，待在长安的时间累计不足一年，在洛阳的时间不足五年，在江都大约三年，其余时间均在各地巡游。

杨广对自己的治国之道甚为满意，而且坚信不疑。有一次，他与给事郎蔡征专门探讨此事，问对方道：

“自古天子有巡狩之礼，而江东诸帝多傅脂粉，坐深宫，不与百姓相见，此何理也？”

“此其所以不能长世。”蔡徵的回答巧妙至极，使他龙颜大悦。

杨广此次巡行淮、海一带，三月就发布了诏书，但直到八月才启程成行。在此期间，他一直在等待通济渠和邗沟的竣工。他之前赴任江都大致是走陆路，这次却执意要走水路。

在关于杨广的诸多传闻中，没有比开运河招致更多非议的了，尤其是他开运河的动机和后来的影响，千百年来，已到了乱花渐欲迷人

① 司马光：《资治通鉴》，第 180 卷。

眼的地步。

唐末的韩偓指出，杨广开凿运河主要是自己思游江东的结果。后来在规划运河线路时，又有大臣指出睢阳有王气，建议沿途开河以压之，杨广采纳了这一建议。

但也有人对此嗤之以鼻，认为杨广开运河还有更深层次的考量。其实，将营建东都、开凿运河、巡游江都三者联系起来，那是杨广审时度势、高瞻远瞩的结果。

首先是江南维稳和维护统一的需要，是一个政治举措。鉴于当时全国的经济中心日渐南移，与北方的政治中心出现脱节，运河除能把北方的军队运到南方之外，它还能把南方的粮食运到北方，从经济上沟通南北。

在运河竣工之后的两百余年间，人们基本对其持负面评价，认为杨广好大喜功，滥用民力，由此导致了王朝的覆亡。但运河对改善南北交通带来了极大便利，是一项造福后世的伟大工程。

“尽道隋亡为此河，至今千里赖通波。若无水殿龙舟事，共禹论功不较多。”①

杨广开凿的运河，北起涿郡，向南一直通连到余杭，大致由永济渠、通济渠、邗沟、江南河四段组成，但它们并不是同时动工的。位于运河中间的通济渠和邗沟，作为首期工程，要早于另外两段。永济渠与江南河两期工程，要分别在两年和三年之后才破土动工。

通济渠起自洛阳东边的板渚，向东南跨汴、宋、宿、泗四州，终于洪泽湖附近的盱眙，连通了黄河与淮河两大水系。该工程与东都工程几乎同时开工，前后动用丁役百余万，不到五个月就竣工了。邗沟的长度不足通济渠三分之一，连通了淮河和长江两大水系。该河段最初建于隋文帝时期，本为用兵江南之需，因是临时开凿，简陋不堪，不能令皇帝满意。所以，杨广在下令开凿通济渠的同时，又派发十余万丁役，对邗沟进行了修缮扩建。

① 皮日休:《汴河怀古》。

在兴建运河的同时，还有几个配套工程也同时开工：运河两岸都被辟为御道，栽上柳树；从长安由水路到江都，沿河兴建了40多所离宫；杨广南巡江都之前，数以万计的龙舟游船也都已预备齐全。动用如此多的人财物力资源，同时进行如此规模浩大的工程，而且都在一年之内竣工，这在当时堪称世界奇迹。

等到五个月之后，通济渠和邗沟两段河道一修好，洛阳到江都的水路就被贯通起来了。杨广在文武百官和众宫嫔、侍从、僧道的簇拥下，从东都洛阳显仁宫出发，先乘小朱航驶入漕渠，抵达洛口后换乘龙舟，驶入黄河东行，再由板渚进入通济渠。

杨广此次出行，其船队包括近5200艘大小船只，大致分为三等。第一等有47艘，均是宫殿式设计，被称为“水殿”，是给杨广和后妃们乘坐的，包括皇帝的龙舟、萧后的翔螭各1艘，其余则是其他妃嫔乘坐的浮景舟、漾水彩舟。杨广的龙舟是水殿中最大的船只，挂有各类金银珠宝、流苏、羽毛等物，金碧辉煌，船体长60米、宽15米，里面分四层，只中间两层就有120个房间，宦官和船夫都居于底层。

第二等船是各种楼船，有430余艘，里面的乘坐人员比较复杂，包括众亲王、公主、百官、僧尼、道士、外邦使节等。船队的主体部分有4700多艘，是用来运载士兵和物资的，里面士兵约有10万人。

这样一支庞大的队伍浩荡前行，从空中鸟瞰，是这样一幅景象：绵延无际的大江之上，5200多艘大小船只依次排开，舳舻相接二百余里，灯火通明；两岸御道之上，拉纤的船夫有8万人之多，此外还有骑兵护卫，旌旗蔽野。船上人员和岸上的骑兵、船夫，加起来超过20万人。这么一支庞大的队伍，他们的饮食都是由沿途的各州县提供，被征调来送饭的民夫每天都在10万人以上。州县送来的东西多得吃不完，有些动都没动过，就直接被埋在路边了。

杨广这次出巡的场面之盛大、排场之奢华，亘古未有。他曾创作一首《泛龙舟》诗描述称：

舳舻千里泛归舟，言旋旧镇下扬州。

借问扬州在何入，淮南江北海西头。
六辔聊停御百丈，暂罢开山歌棹讴。
讵似江东掌间地，独自称言鉴里游。

虽然很多人对杨广的排场表示反感，认为奢华铺张，挥霍无度，滥用民脂民膏，此乃典型的暴君之举。但考虑到隋朝当时国力充足，杨广此举也无可厚非。从“衣锦还乡”角度进行诠释，杨广在坐镇江都十年之后回朝，如今故地重游，已是龙登九五、富有四海的君王，炫耀一番也合情合理。

其实，杨广除了“衣锦还乡”的炫耀之外，更重要的考虑是安抚南方。早在被任命为太子之前，他就已经着手这项工作有十年之久，总体上卓有成效，但也还有待进一步深入。所以，杨广这次一到江都，立马就宣布：

“江都城区，免除赋税五年；前扬州总管府辖区之内，免除赋税三年。”

杨广显然是想通过此举向江南平民阶层示好。除了免除赋税之外，还有什么更能赢得普通百姓满意呢？

此外，杨广也拉拢了一批以南朝皇室为代表的贵族高层，不但将最后一个南朝皇帝之女纳为贵人，还从其宗室中任命了 21 个县令、7 个郡守和 5 个三品大员。该项举措的效果是显而易见的。被拉拢者本有的不满、怨言乃至对抗情绪，很快就消失得无影无踪，他们开始通力合作，对大隋朝廷感恩戴德。

当然，上面这些还不是全部。杨广还令吏部尚书牛弘等人议定朝廷车舆冠服和仪卫制度，并紧急制造了与之配套的各种器物，诸物齐备后送往江都。接下来，杨广在江都城中亲自做了一次巡游演示。在巡游中，只仪仗队就动用了 3.6 万人，队伍在他身后绵延了 20 多里，所有行头、器物都是全新的，格外光鲜亮丽。

演示取得了惊人的效果。前来观览的百姓惊得目瞪口呆，再也不敢认为北方朝廷出身少数民族，而对其抱以鄙夷的目光了。

毫无疑问，杨广此次南游取得了圆满的成功。次年初春，当从江都返回洛阳时，他显然是志得意满的。

被遗忘的《大业律》

“四海百姓，衣食不丰，教化政刑，犹未尽善，兴言念此，唯以留恨。”[1]

隋文帝临终前，在遗诏中交代了自己执政二十余年所留的遗憾。我们从中可以看出他以百姓为念、希望天下太平安康的心愿。他虽然自谦做得不够好，但在后人眼中，实际已实现了“百姓衣食丰”、“教化政刑善”的理想。尤其是开皇年间，因为国富兵强、百姓安乐，这段时期被冠以“开皇之治”的美誉。那是中国几千年历史上最值得称道的时代之一。

开皇之治的成就固然是多方面的，但法治之美善是其中浓墨重彩的一笔。在以往历代帝王之中，比杨坚更重视法治建设的的确不多见。他上台伊始，就标榜“复汉魏之旧”[2]，着手国家的立法事业，律典编纂是其中比较有代表性的一项。为了给新王朝编出一部合身的律典，隋文帝以高度重视和负责的态度，成立了一个包括高颎、杨素、裴政等十余位宰相重臣的工作班子。

新律典广泛参酌魏晋以来的修律经验和成就，确立了较为人性化的五刑、“官当”和“八议”等制度，还有著名的“十恶”重罪。后来，隋文帝又令苏威、牛弘等人进行大幅修订，删除了三分之二以上篇幅（1200 条），仅保留了 500 条，分为 12 篇，定型后称为《开皇律》[3]。

《开皇律》集以往历代律典之大成，律文简明切要，疏而不漏，立法水平之高，较之一千年后的欧洲刑法典毫不逊色。《唐律》直接以它为样板，并且通过唐律，它又是大中华以后法令的模式。隋文帝执政

① 魏征等：《隋书》，第 2 卷《文帝纪（下）》。
② 司马光：《资治通鉴》，第 175 卷。
③ 魏征等：《隋书》，第 25 卷《刑法志》。

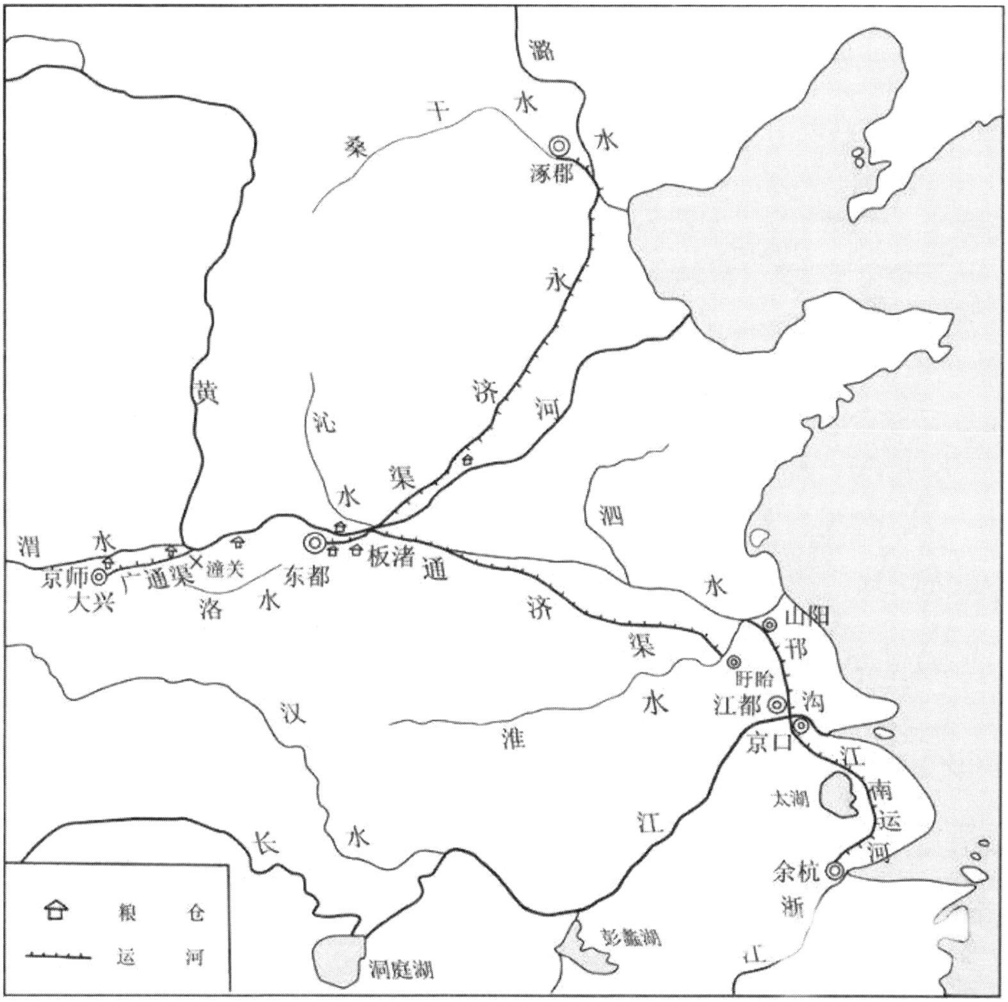
灅
桑
干
水
水
涿郡
永
济
渠
河
黄
沁
水
泗
渭
水
京师
大兴
广通渠
潼关
洛
水
东都
板渚
通
济
渠
水
山阳
邗
盱眙
江都
沟
汉
淮
水
京口
江
太湖
南
运
河
长
水
江
余杭
浙
江
粮
仓
运
河
洞庭湖
彭蠡湖

隋朝大运河示意图

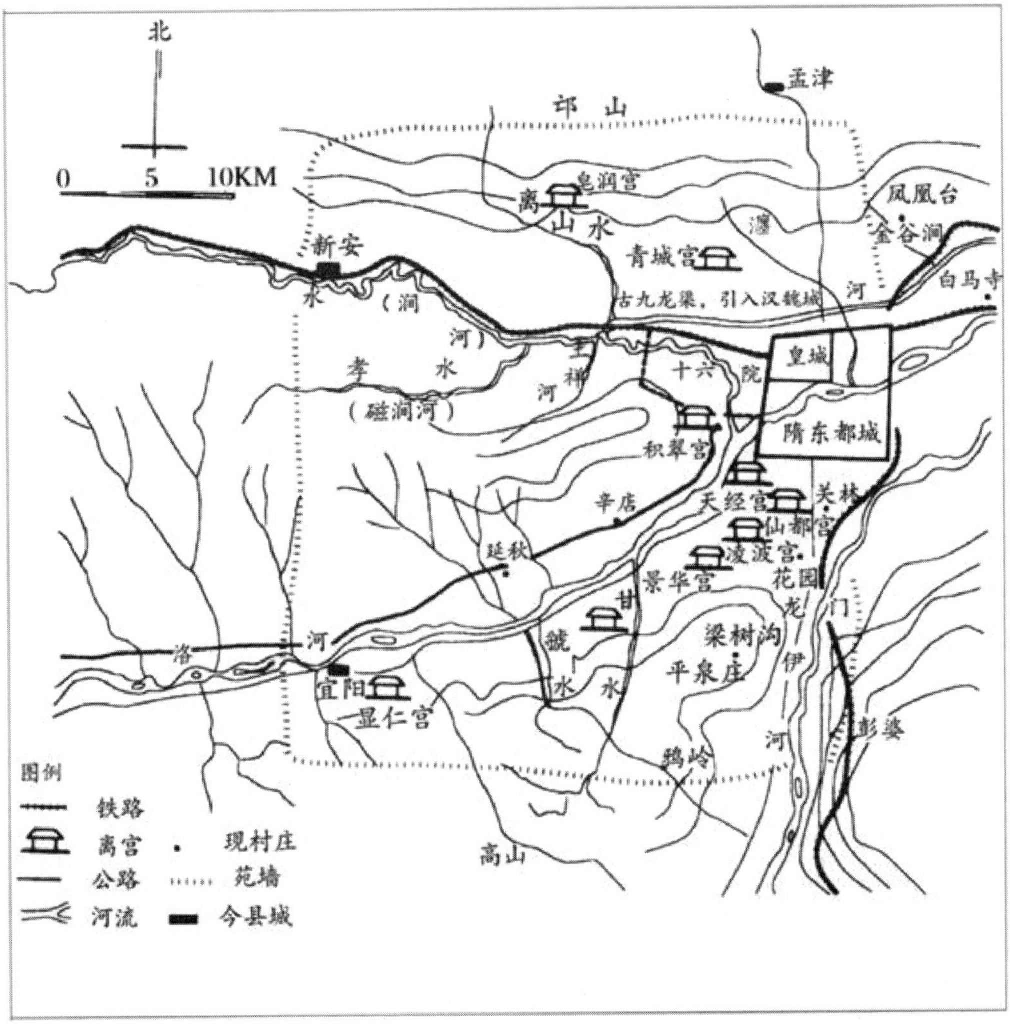
北
0 5 10KM
邙山
孟津
显润宫
离宫
山水
瀍
凤凰台
金谷洞
新安
青城宫
白马寺
古九龙渠，引入汉魏城
河
水
（涧
河）
皇城
孝水
十六院
（磁涧河）
谷
禅
河
隋东都城
积翠宫
辛店
天经宫
关林
仙都宫
延秋
凌波宫
景华宫
花园
甘
龙门
梁树沟
洛
河
虢
平泉庄
伊
宜阳
水
水
显仁宫
彭婆
鸦岭
河
高山
图例
铁路
离宫
现村庄
公路
苑墙
河流
今县城

隋朝东都洛阳平面图

二十余年，即便其他作为置而不论，仅凭这一项成绩就足以彪炳千古了。一千多年后，王夫之对它作了极不寻常的评价：

“今之律其大略皆隋裴政之所定也，政之泽远矣。千余年间，非无暴君酷吏，而不能逞其淫虐，法定故也。”[1]

隋文帝不仅对立法隆重其事，在法律实施上也表现出高度的审慎，其中最突出的莫过于他的仁政和慎刑思想。他对朝廷司法工作抱以极大的重视，经常亲自阅览诉讼案卷材料。为了防止案件错判，他还将地方州府司法机关的死刑裁决权收归中央，要求凡是死刑犯必须经大理寺复审三次，方能定罪施刑。另外，他又命令行政决策应附带法律依据，又要求“断决大狱，先牒明法，定其罪名，然后依断”。一千三百年后，这两点作为最基本的法治原则，仍在世界范围内推广。

此外，杨坚还是一位权达通变、不墨守成规的君主。在早年的修律工作中，他曾提出过“帝王作法，沿革不同，取适于时，故有损益”的主张；在晚年遗诏中，他又以类似口吻交代太子：

“自古哲王，因人作法；前帝后帝，沿革随时。律令格式，或有不便于事者，宜依前敕修改，务当政要。”[2]

由此看来，杨坚关于法治“适时损益”的观点是前后一贯的。

尽管如此，开皇年间的法治成就也并非尽善尽美。杨坚在遗诏中提到“教化政刑，犹未尽善”、“律令格式，或有不便于事”等，虽然不无自谦之意，但也多少反映出当时法治建设中的一些不谐之音。

那时，西京长安多发奸恶邪僻之事，朝廷屡禁不止。城区市坊之内，经常在光天化日之下发生抢劫、盗窃等乱象。杨坚深为担忧，也未与大臣们商议，竟自己突发奇想，秉着“治乱世用重典”的原则确定了“纠告行赏”的奇招：犯法者一旦被纠告，官府就抄没其家产，赏给纠告者。这一举措效果的确立竿见影，施行仅一两个月后，长安城内的抢劫、盗窃现象就消失得无影无踪了。

① 王夫之：《读通鉴论》，第19卷《隋文帝》。

② 魏征等：《隋书》，第2卷《文帝纪（下）》。

但渐渐地，一些无赖之徒发现了其中的漏洞，想利用它来发家致富。他们平日里盯着富人子弟，只要见对方一出门，就将自己的东西故意丢弃在路上。那些富贵子弟去捡，恰好被他们逮个正着，接着就会被押送官府。他们利用这个圈套，十分轻松地将富贵人家的财产收入囊中。长此以往，受害者不计其数。

对于这样的现象，杨坚不是怪罪那些无赖之徒坑人钱财，而是想方设法整治被坑害的富人子弟，因为在他看来，他们没有做到路不拾遗。为根绝偷盗现象，他紧接着又颁布了一道十分奇特的诏令：

“盗一钱已上者，皆弃市。”①

此令一下，世风为之一变。那些江洋大盗不但没有收手，反而变本加厉起来，真正遭殃的只是一些小偷小盗。对大盗而言，既然盗一钱就会被弃市，同样是死，他们宁愿打劫、偷窃更多的钱物，于是把目标越来越多地投向有钱人。这样一来，往来各地的商旅怕夜间赶路遭打劫，就只好早睡晚起，只在白天出行。百姓也都提心吊胆，日夜生活在恐惧之中。而那些小偷小盗，有的四人共偷一个椽子，或者三人共偷一个瓜，只要发现就被即时处决。

后来，有些人实在无法忍受如此严苛的法令，便相互串通，劫持了一个行刑人员。他们威胁他说：

“吾岂求财者邪？但为枉人来耳。而为我奏至尊，自古以来，体国立法，未有盗一钱而死也。而不为我以闻，吾更来，而属无类矣。”②

此事传到了隋文帝耳中。他由此意识到法令的确处罚过重，由此招致一些更为严重的社会问题，于是下令将其废止。

隋文帝晚年对一般百姓如此态度，对朝廷百官自然也好不到哪里去。他早年是通过政变上台的，本来就对大臣们心存猜忌，而且越到晚年疑心越重。他经常派亲信去窥视朝廷上下，只要发现大臣们犯错，即便是微小过失，也要治以重罪。元正日时，众武官有的佩戴衣剑不整齐，御史只要不及时纠正，就会被处斩。独孤师收了蕃客一只鹦鹉，鸿

---

① ② 魏征等：《隋书》，第 25 卷《刑法志》。

胪少卿陈延主管的蕃客馆中发现有马粪，两人均被处死。他还刻意派人暗中给大臣们送礼，只要收礼立马就处斩。

由此，隋文帝晚年法治的退步是显而易见的。国事的决策不再依准律法，而全凭他个人的喜怒好恶。朝中大臣们倍感压力，时刻处于一种惶恐的氛围之中，生怕不当言行一旦被发现，就会莫名其妙丢了性命。不过，杨坚临终前似乎意识到了这个问题，所以在遗诏中，一再让太子即位后重新重视律法。

当然，即便不是因为隋文帝这般叮嘱，杨广只为了缔造自己的千秋伟业，也势必要在法治上来一番改弦更张的。

杨广即位之初，国务冗繁，目不暇接，几乎每年都出台多项新举措。在东都、运河等工程之外，他又下令编修了一部新律典。

“朕虚己为政，思遵旧典，推心待物，每从宽政。”[①]

杨广即位之初，就是秉持这种精神从事律典修订工作的，也就是在“遵旧典”的基础上，修改其中过于严苛的条款，以配合宽政的落实。修律工作由博闻多识的牛弘主持，他之前曾参加过《开皇律》的编纂，是确保新律“遵旧典”和编纂工作顺利完成的最佳人选。

新律典修订工作持续了近两年，于大业三年初颁布实施，被称为《大业律》。《大业律》总体上保持了旧有的篇幅，其中 200 余条按照宽政原则进行了修改，很多罪名都被减轻了惩罚力度。在结构上，它由原先的 12 章扩展成了 18 章。颁布实施后，它在社会上赢得了百姓的普遍认可和支持，取得了比《开皇律》更好的效果。后来，魏征回忆当时的情形时称：

“百姓久厌严刻，喜于刑宽。”[②]

杨广的修律之举获得了空前的成功，使他的执政生涯锦上添花，可能超越其父杨坚缔造“开皇之治”的功勋。但从长远来看，这种推断却严重偏向了。《大业律》完全没能取得与其自身水平相匹配的待遇。

① 司马光:《资治通鉴》，第 180 卷。

② 魏征等:《隋书》，第 25 卷《刑法志》。

《开皇律》总共实施了26年（开皇元年至大业二年），其中有20年（开皇元年至二十年）得到百姓的认可和拥护，只是在最后几年才变得严苛起来。而《大业律》一共颁行11年，大约只前4年保持了宽缓，后来杨广征兵伐高句丽，搞得天怒人怨，民变四起。他为了对付各地的反叛者，确立了空前严苛的刑罚，《大业律》几乎被废弃不用，成了一纸空文。

大业十三年（617年）底，反叛隋朝的李渊控制了关中。为了收拾民心，他将形同废纸的《大业律》废而不用，再次下令颁行《开皇律》。后来他篡隋立唐，定年号为“武德”，又将《开皇律》略作修改，颁布了大唐王朝第一部律典——《武德律》。

由此，唐朝三百年的律典实际承袭《开皇律》而来。《大业律》虽因刑罚宽缓而著称，在颁布之初也颇受百姓拥护，取得了良好的效果，但因为他的颁布者杨广后来臭名昭著，这部律典也就没能流传下来，后世便将其略而不提了。

大事记（二）

大业元年（605年）

1月，立萧妃为皇后，杨昭为太子。

3月，令杨素、杨达、宇文恺营建东都洛阳，每月役使丁男200万人。

8月，杨广自东都出发，乘龙舟巡幸江都。

大业二年（606年）

1月，东都洛阳竣工。

4月，杨广自江都返回东都，免全国当年租税。

7月，制百官不得计考增级，必有德行、功能灼然显著者进擢之。令苏威、宇文述、张瑾、虞世基、裴蕴、裴矩参掌选事，谓之“选曹七贵”。太子杨昭、司徒杨素病逝。

10—12 月，以杨坚末年法令峻刻，下诏改修律令。兴建洛口、回洛二仓，各穿三千窖、三百窖。

大业三年（607 年）

4 月，颁行《大业律》，共 18 篇。百姓久厌严刻，喜于宽政。改革官制，建五省（殿内、尚书、门下、内史、秘书）、三台（谒者、司隶、御史）、五监（少府、长秋、国子、将作、都水）、十六府（左、右翊卫等）、三爵（王、公、侯）。

7 月，发丁男 100 余万筑长城，西拒榆林，东至紫河，20 天完工。

大业四年（608 年）

4 月，下诏于汾州营建汾阳宫。

7 月，发丁男 20 余万筑长城，自榆谷而东。

9 月，令天下鹰师集于东都，至者万余人。

10 月，颁行新式。

大业五年（609 年）

1 月，诏天下均田。

6 月，全国有郡 190 个、县 1255 个、户 890 余万，版图东西 9300 里、南北 14815 里。隋氏之盛，极于此矣。

11 月，民部侍郎裴蕴奏令貌阅，全年新增男丁 243000 人，新附人口 641500 人。

大业六年（610 年）

2 月，征集前朝散乐，配以太常，置博士弟子传授，乐工至 3 万余人。

3 月，下诏营建江都宫，以西域少数民族王世充为宫监。

6 月，制江都太守秩同京尹。

第三章　突　厥

“处罗不朝，恃强大耳。臣请以计弱之，分裂其国，即易制也。”

突厥汗国的崛起

“当上方之苍天和下方之褐土造就之时，人类子孙即生存其间。人类子孙之上，立有吾祖先土门可汗及室点密可汗，既立为君长后，彼等即统治及整顿突厥民众之国家及政制。世界四方之民族，皆其仇敌；但彼等征之，且克服世界四方一切民族，令守和平而点首屈膝。”

这篇史诗般的颂文，是在阿史那达漫被杀一个世纪之后，他的族人为纪念勇士阙特勤而撰写的。阙特勤是阿史那家族的一名将军，以骁勇善战、军功显赫著称，死于大唐开元十九年（731年）。他的后世族人为了纪念他，便撰写了这篇颂文，并将其篆刻在和硕·柴达木的一块石碑上。可汗的子民们，借此缅怀其伟大祖先土门、室点密兄弟的丰功伟绩。

中原史籍中的金山，也就是阿尔泰山，可能因为盛产金、银、铁等金属矿藏而得名。公元6世纪初，阿史那达漫的族人还是一个十分弱小的部落，就在金山南麓以锻铁为生，饱受外族柔然的压榨。那时，他们想摆脱压迫简直如梦幻般遥不可及，更不用说君临天下了。但后来，由于酋长阿史那土门的英明领导，他们真的有幸发展壮大了，而且在经过一系列浴血奋战之后，克服周边诸多强敌，还建立了自己的国家。从此，他们摆脱了受奴役的命运。

552年，阿史那土门以无上的德望与功勋，得到族人的拥戴，成了新政权第一位君王，建号“伊利可汗”。他把牙帐设在厄尔浑河畔的于都斤山附近，后来那里就成了他们民族权力的中心，前后延续了二百年。从那时起，广袤的大漠草原就属于英勇的土门及其族人。伊利可汗仅凭这项殊荣，便足以彪炳史册，流芳后世。

伊利可汗有一个兄弟室点密，与乃兄一样气魄雄浑，武功显赫。汗国建立之后，他并不以此为满足，后来又亲率“十箭”部落西征中亚，击败那里的外族强敌，在伊犁河流域奠定了汗国的第二个统治中心。当然，这是伊利可汗辞世之后的事。室点密在征服中亚后，谨慎地接受了可汗之下的“叶护”称号。兄弟两人凭各自的功勋，牢固树立起在族人心中的英雄形象，成为后世族人奋斗的指明灯。

民族振兴的大业路途漫漫，百措待举。伊利可汗矢志不渝，为实现此宏愿而鞠躬尽瘁，耗尽了心血，即位一年就撒手人寰了，时间是在553年。遗憾的是，他没能目睹民族的兴盛，只好将此心愿遗留给子孙们。

伊利可汗之死，使他的兄弟室点密和整个汗国面临极大考验。室点密叶护功勋卓著，人望颇高，如果此时采取不智之举，与子侄辈们争夺汗位，足以葬送民族的未来，使初具规模的汗国土崩瓦解。好在他深明大义，重视民族前程胜过个人得失，最终经受住了考验。起码在表面上，他仍对伊利可汗的继任者宣誓效忠，并保持应有的尊重，他们的汗国才得以平稳度过危险期，延续难得的团结与统一。这一明智之举，无疑也是他受后人追念的原因之一。

伊利可汗去世后，他的三个儿子乙息记、木杆、佗钵先后继承了汗位。除乙息记在位时间过短之外，木杆和佗钵均是精明强干的领袖，既不乏雄才大略，又彼此团结一心，视汗国的强盛重于一己私利，这为汗国随后三十年盛世奠定了基础。在兄弟两人的精诚努力之下，伊利可汗的遗产得以发出万丈光芒，普照大漠草原。这时，他们的汗国迎来了第

一个辉煌期。

这一时期汗国的辉煌首先表现在于版图的扩大，主要是木杆在位时完成的。这位可汗据说相貌奇异、勇武多智，拥兵数十万，务于征伐。在长达二十年的时间里，他东破契丹、南灭柔然、西击吐谷浑，北并契骨，大大拓展了汗国的四境。可汗的叔父室点密也于此时西进中亚，先完成了对嚈哒的征服，紧接着又插手萨珊波斯和拜占庭之间的战事，纵横捭阖，从中渔利，威震中亚。

木杆死后，他的弟弟佗钵又统治了十年，使汗国延续了此前的强大。那时，汗国的版图空前庞大，从太平洋西岸的辽河流域向西一直延伸到里海和兴都库什山。周边绝大多数民族，如契丹、吐谷浑、铁勒、辖嘎斯等，都降服于他们强大的武力，其酋长对可汗卑躬屈膝；长城以南，关中和华北的统治者谦卑地向可汗纳贡或求婚；在更遥远的西方，波斯和拜占庭的君主也遣使向可汗求援。

对于汗国当时的盛况，阿史那达漫因为生逢其末，可能没有太多记忆。但他的祖父阿史那鞅素，必定是一个见证者和亲历者。

突厥汗国的分裂和衰败

阿史那达漫自年幼时起，就时常听闻族人与中原的战事。那时，他们的汗国正处于鼎盛时期，可汗拥有数十万军队和空前辽阔的版图，显赫一时。而在长城以南，关中、华北和江东各有一个政权，却在漫无休止的敌对和战争中自相削弱，被北方草原汗国坐收渔利，占尽了便宜。

从木杆时代起，关中和华北政权根本无力与北方的草原汗国相抗衡，于是转而采取拉拢、攀附的手段，竭力争取其支持。他们的使者对可汗毕恭毕敬，俯首听命，数不尽的贡品和财物也随之源源不断地输入汗庭。佗钵及其臣民对此显然十分满意，可汗本人还骄傲地宣称：“但使我在南两儿常孝，何忧于贫！”[①] 佗钵的得意之情溢于言表。

---

① 司马光:《资治通鉴》，第 171 卷。

但阿史那家族好景不长，他们的汗国也未能保持长久的强盛。佗钵可汗陶醉于汗国强盛的外表，却未留意到业已显露的衰乱苗头。他去世后，其子侄辈们一心图谋私利，围绕汗位展开了激烈的阋墙之争，终于葬送了汗国的前程。在一番激烈争夺之后，乙息记之子沙钵略以诡计挫败了两个堂弟菴罗和阿波，暂时获得了汗位。多年之后，一位长安的官员惶遽不安地写道：

“沙钵略长而且雄……勇而得众，北夷皆归附之。”①

对刚建立的大隋王朝而言，这的确不是好兆头。但这只是问题的一面。实际上，沙钵略的权力远不如先辈们稳固。除受制于两个堂弟之外，他还受到西部可汗达头的威胁和挑战。达头是室点密之子，亦即沙钵略的族叔，是一个穷兵黩武的暴君，对大可汗之位觊觎已久。他与沙钵略势均力敌，又串通侄子阿波与他对抗。在这种情况下，沙钵略只能勉强维持着汗国表面的统一。

就在这时，东亚的格局发生了巨变。早些时候，关中的北周吞并了华北的北齐。不出几年，杨坚又以外戚身份篡夺了北周，建立起新的王朝。等江山稳固，他就一改往日对突厥人的姑息妥协态度，转而趋于强硬。毫无疑问，此举严重威胁到了阿史那家族在东北亚的霸权地位。

沙钵略敏感意识到了这一信号，很快采取了应对之策。开皇二年（582 年），他纠集五位可汗的 40 万兵马，浩浩荡荡跨长城南下，闯入中原。他希望通过此举，一来能恐吓长安朝廷，二来借机削弱达头、阿波等尾大不掉的地方势力。但隋军进行了异常顽强的抵抗，杨坚也巧施离间计，以“离强合弱”“以夷制夷”的策略破坏他们君臣关系，结果，沙钵略这一计划最后落空了。

达头、阿波本来就与沙钵略貌合神离，当然不甘充当他对抗中原的挡箭牌。所以从出兵之时，二人就心怀鬼胎，首鼠两端，一直在犹疑观望。不久，达头部进兵受阻，他本人又受到隋朝使者的蛊惑，当即撤兵而去。阿波在连吃败仗之后，也选择了与长安朝廷单独媾和。这时，沙

① 司马光：《资治通鉴》，第 175 卷。

钵略与中原军队的力量对比，一下子出现了逆转。

鉴于阿波、达头公然抗令，沙钵略于是先发制人，突然掉头袭击阿波，并霸占了他的领地。但狡猾的达头立马将阿波接纳过来，并授予他十万兵马，支持他与大可汗继续对抗，自己则从中渔利。在东部，契丹部也趁机反叛沙钵略，并向其发动进攻。大漠草原由此陷入了全面混战。沙钵略既遭到西方达头、阿波的进攻，又得应付东方契丹部的反叛，形势立马急转直下，变得岌岌可危。无奈之下，他只好选择向隋朝求救。

不久前还称雄大漠的阿史那政权，转眼已经分崩离析，无论如何也不再令人畏惧了。这时，长安朝廷选择坐山观虎斗，小心翼翼关注着草原上的局势变化，时不时地插手干预，离强扶弱，以维持沙钵略部与阿波 - 达头部的东、西两方势力的均衡。

开皇七年（587 年），沙钵略在忧心失望之中死去，由弟弟莫何可汗继位。莫何继续与长安保持友好，并依靠隋朝的支持全力进攻阿波。在最后的决战中，他彻底击溃了阿波并将其生擒，终于一雪前耻，完成了兄长的遗愿。尽管如此，他的汗国并未就此走上复兴之路，开皇八年（588 年）莫何一死，紧接着又爆发了两个继承人都蓝与启民之间的汗位之争。

都蓝与启民是堂兄弟，前者为沙钵略之子，后者为莫何之子。莫何死后，都蓝先被立为大可汗。他将启民安置在漠北任北面可汗，与隋朝也保持着一贯的友好，以此来巩固自己的地位。但没过几年，他自感手中权力已日趋稳固，便试图暗中摆脱长安朝廷的控制。隋文帝及时发现了他的野心，于是故技重施，转而扶持启民来制衡他。

开皇十九年（599 年），都蓝为了占得优势，不惜与宿敌达头握手言和，联合进攻启民，迫使其向隋朝寻求庇护。在启民的一再请求之下，隋文帝向大漠派出了一支庞大的军队，准备一举击溃都蓝和达头的联军。但还没等到两军开战，都蓝就因不得人心被部下杀死了。达头发现自己孤掌难鸣，也只好撤军西返。消息传到长安，隋文帝立马扶持启民继承大可汗之位，依旧维持着草原上的势力均衡。

与都蓝不同，启民是个温和、谨慎的君主。出于沙钵略、都蓝的前车之鉴，他始终以恭顺、谦卑的姿态保持着与隋朝的友好关系，双方也一直相安无事。但达头对大可汗之位仍旧痴心不改。不久，他在中亚与波斯、拜占庭的战事中取得了一系列胜利，又开始妄自尊大，生出称霸草原、统一汗国的狂念来，紧接着于仁寿二年（602 年）再次对启民展开了疯狂进攻。

达头此时当然想不到，隋朝的应对之策已在暗中进行了。仁寿三年（603 年），当他的大军一路耀武扬威，迅速向东挺近之时，其治下的铁勒部突然在后方发动叛乱，几乎在一夜之间颠覆了他的政权。达头的大军犹如断了线的风筝，瞬时就土崩瓦解了。原先摄于其兵威而降服的草原各部，见达头已败，纷纷归附到启民一方。最后，达头孤身一人逃到青海湖附近避难，从此失去了踪迹。

阿史那家族持续二十年的内战，至此方告终结。

这场惨烈而持久的战祸，使汗国变得千疮百孔，风光不再。在达头败亡之前，汗国尽管内乱频仍，但无论是中央大可汗还是地方小可汗，都还试图重建统一的汗国。但在达头之后，再没有哪位可汗有这样的雄心了。位于蒙古高原的东部政权和位于中亚的西部政权，尽管还在相互敌对，但从此以后就是两个独立政权了。在这其中，隋朝的离间和均势政策起了至为关键的作用。更重要的是，他们趁机取代了阿史那家族在东亚的霸主地位。

降服启民

大业三年（607 年）盛夏，长孙晟抵达了启民的汗庭。他是专程从榆林赶来的，奉命传达皇帝即将驾临的诏谕，好让启民提早筹备好接驾工作。杨广将这项任务安排给长孙晟，的确是明智之举。作为隋文帝时代最顶尖的突厥事务专家，长孙晟曾一手策划了瓦解突厥汗国的各种阴谋，而如今新皇在位，他仍是不可多得的宠臣之一。

杨广是在四月暮春下诏北游的，大致路线是从长安出发，东行至河

南，然后再向北转入并州。至于此行的目的，诚如他在诏书中所说：

“古者帝王观风问俗，皆所以忧勤兆庶，安集遐荒。自蕃夷内附，未遑亲抚，山东经乱，须加存恤。”①

在杨广看来，访风问俗、关怀黎民本就是皇帝的职责所在。何况当前，山东地区刚经过汉王杨谅的叛乱，民心不稳，北方草原又是新归附的少数民族之地，未膺圣化，都需要他亲加抚恤。隋文帝也非常注重这方面的工作，不过他一般派几个使者代劳出巡，而新皇帝杨广却更喜欢亲力亲为。

一得知大隋天子下诏北游，启民紧张的接驾筹备工作就开始了。五月初，他先派了一个儿子前往河北恭迎圣驾，不久又派去一个侄子，后来又派去了另外一名使者。他还打算亲自前往接驾，但经过事先请示，未获得杨广的准许，也就没能成行。不料这次，杨广竟把长孙晟给派来了。启民在得知了对方的来意之后，当然隆重其事，立马通知所辖契丹、室韦、奚等十余个部落，传唤其首领到汗帐里集结待命，恭听圣谕。

启民在启民可汗的廷帐里，为了突显大隋天子的威严，无所不用其极。他安排的接驾典礼盛大隆重，最起码在北方草原上是空前的，启民和他的一帮少数民族酋长闻所未闻，无不瞠目结舌。但长孙晟对此并不满足。他在廷帐里周览了一遭，见帐前草蔓丛杂，发现仍有借题发挥的余地。

“此草大香。”长孙晟指着帐前的草蔓，对众酋长说道。

“殊不香也。”启民未解其意，亲自上前闻了一番。

“天子行幸所在，诸侯躬自洒扫，耕除御路，以表致敬之心。今牙内芜秽，谓是留香草耳！”长孙晟含蓄地解释道。

“奴之罪也！奴之骨肉皆天子所赐，得效筋力，岂敢有辞。特以边人不知法耳，赖将军教之；此将军之惠，奴之幸也。”

经长孙晟这一点拨，启民这才恍然大悟，当即拔出随身所带的佩刀，亲自上前，去割除帐内的杂草。众酋长见可汗亲自除草，当然不敢

---

① 司马光:《资治通鉴》，第 180 卷。

怠慢，于是也争相效法，很认真地抽刀割起草来。接着是众酋长的部属，再有帐内外的一般民众，见各首领如此，也都纷纷加入除草大军之列。没多久，整个草原都被动员起来了。

长孙晟事先没有料到，自己一个轻微举动竟引发这么一场规模浩大的运动。但他并没有马上制止，而是继续不动声色地观察着。启民带领这支除草大军一路向南进发，只用了一个月，就在汗帐与榆林之间开辟出一条御道。

“长三千里，广百步，举国就役……”有人回顾当时的情形说。

时隔二十余年，阿史那家族的实力和声望一落千丈，已经今非昔比。伊犁可汗的子孙竟对大隋皇帝卑躬屈膝，沦落到如此地步。达头、都蓝等人不肯俯就中原，执意与长安朝廷为敌，其悲惨结局已宣告了这条道路的破产。启民正是以他们为前车之鉴，才开辟出了这条委曲求全之道。

启民可汗的正妻义成公主，本是一名长安皇室宗女，几年前受隋文帝指派，以公主的名义下嫁给了启民，实际不过是隋朝拉拢启民制衡都蓝的一颗棋子。但一直以来，夫妻两人关系融洽，相处甚欢。御道修好后，启民携义成公主一同前往榆林拜会了隋朝皇帝，备受恩宠和礼遇。当时，杨广刚举办完一场大型宴请，兴致极高。启民便趁机上了一封表奏。在其中，他回顾了自己在隋文帝扶持下艰难创业的历程，表示躬蒙圣恩，感激不尽。不过，这只是他取悦隋朝皇帝的奉承之语，表奏的核心其实是最后一句：

“臣今非昔日突厥可汗，乃是至尊臣民，愿帅部落变改衣服，一如华夏。”

启民虽是草原汗国可汗，但一直对华夏典章服饰喜爱有加。早在年初时，他到东都洛阳朝见皇帝，就提出过“袭冠带”的请求，这次已经是第二次了。启民此举背后，有的人认为他只是想取悦杨广，讨其欢心，也有人认为他居心叵测，另有所图。杨广本人倒是郑重其事，上次没有允许，这次经过一番慎重考虑，还是婉拒了他的请求：

“碛北未静，犹须征战，但存心恭顺，何必变服？”

启民连续两次请求遭拒，也就很知趣地不再坚持了。这种不和谐之音只是他接驾之旅中的一段小插曲，毕竟无关大局。杨广还是很高兴地赐予他各种礼遇，规格之高，远在诸侯王之上。宇文恺还奉命制作了一个大帐，可容纳数千人之多。大帐制好后，杨广就在里面盛备仪卫，置酒设宴，奏演百戏之乐，以款待启民可汗及各部酋长。众酋长平生第一次见识百戏散乐，无不骇异，争相进献牛羊驼马数千头。作为礼尚往来，杨广则下令以锦帛数千万段回赐众人，并允许启民上朝可赞拜不名。

当日筵席气氛和谐、融洽，众人畅饮之后尽欢而散。但事后，立马就有不少大臣表示异议。光禄大夫贺若弼私下发牢骚，认为杨广宴请启民等人太过奢侈。太常卿高颎先是反对朝廷征集散乐百戏，认为这是不务正业，然后私下抱怨朝廷漫无纲纪，给启民的恩赐也过于丰厚。

“此虏颇知中国虚实，山川险易，恐为后患。”

高颎此语实际是说，启民开辟御道亲来接驾，表面上恭顺有加，侍奉皇帝唯恐不周，实际却包藏祸心。他的真实意图可能是想打探中原虚实，好为日后入侵华北扫除障碍。

杨广对此可能早就有所警觉，所以在款待启民众人、施以厚恩的同时，他又紧急动员，征发了百万劳役，重新修筑位于榆林和紫河之间的长城。如此浩大的工程，仅花二十天就竣工了。但长城修好后，宇文弼、苏威等人又埋怨修长城非紧急之需，朝廷是在滥用民力。

尽管以上批评不无道理，但作为朝中大臣，他们如此毫无顾忌地指责朝廷过失，就犯了杨广的大忌。况且，他们多是隋文帝时代的旧臣，本就遭受新皇的疑忌。结果，当这些埋怨、指责被揭发出来之后，杨广龙颜震怒，将这些人无论官位大小，一律定以“诽谤朝政”之罪。最后，除苏威被免官了事之外，其余人全被处死。

当然，对于杨广厚待启民的种种举措，也有人试图给以合理化的解释。有的人认为，对启民施以丰厚赏赐，是为了展示华夏的富足，借此震慑草原少数民族，这正是隋朝对付突厥的策略核心，类似的其他举措也不胜枚举。还有人认为，修御道原本是由长孙晟引发的，而并非启民的主动之举。而且御道修好后，无疑也利于隋朝军队迅速向北方出击。诸如此类，不一而足。

接待完启民等人后，杨广就在卫队的簇拥下，沿金河迤逦北上，向启民的牙帐进发。此前，突厥人已领略过中原华美的服饰、美妙的散乐和丰厚的赏赐，这次对于帝国雄壮的军队和精湛的技艺，他们又可以大饱眼福了。

杨广的车驾在御道上缓缓前进，四周是五十多万随驾士兵和十万余匹战马，装载旌旗辎重的车辆尾随其后，绵延千里不绝。杨广本人所在的观风行殿，能容纳几百名侍卫，不仅离合自如，下面还设有轮轴，能迅速向前推移——那是巧匠宇文恺的杰作。位于观风行殿之后的行城，更是令人咋舌。城体全用木板做成，外面蒙以彩色布饰，上面观台、望敌楼等物齐备。凡此种种，草原上的牧民均闻所未闻，见了之后惊诧不已，每当望见御营，远在十里之外就跪拜扣头，无不瞠目结舌。

启民早已提前返程，回去预备好庐帐，恭候圣驾。当杨广的车架抵达时，他老远带着麾下部众出帐恭候，并亲自跪拜，奉酒祝寿。此举再次引起了轰动。人们历来以为可汗是草原的最高主宰，需接受万民的叩拜，却不知他还须叩拜大隋皇帝。阿史那家族的达官贵人们，见可汗恭顺的跪拜在地，当然也都袒衣割肉，匍匐不敢仰视。

杨广见此情景，龙颜大悦，当场即兴赋诗《幸塞北》一首：

鹿塞鸿旗驻，龙庭翠辇回，
毡帐望风举，穹庐向日开。
呼韩顿颡至，屠耆接踵来。
索辫擎膻肉，韦韧献酒杯。
何如汉天子，空上单于台？

自古以来，只有汉朝的汉武帝曾率军出塞，在百战疲劳之后，登上一座空荡荡的单于台。那已经是八百年前的事了。而如今，隋朝第二位皇帝杨广兵不血刃，在可汗的牙帐里令其俯首屈膝，可谓前所未有的壮

举。当随行史官以夸张的笔法将这一幕幕连同皇帝的诗篇载诸史册时，整个草原沸腾了。

重开丝路

杨广自即位以来，对于处理国政兴致十足，精力也异常充沛。大业三年（607 年），他从草原回到东都已是晚秋时节，虽然一路上鞍马劳顿，但他的游兴丝毫不减，来年（608 年）开春又到河北故地重游，部署上次的未了事务。巡游期间，他一如既往地处理各项繁杂政务，毫无倦怠，而且渐渐地，他又打起西巡的主意来。

对于西巡一事，杨广很明显是受了裴矩的蛊惑。

裴矩出身华北贵族世家，是一名兼通朝典礼仪、武略和边疆民族问题的复合型官员。早在隋文帝时代，他仅以三千疲卒就平定了岭南诸族，还先后几次游说和讨伐突厥，均立下了汗马功劳，因而被提拔为吏部侍郎。杨广即位后，他仍然备受器重，又被派到西域专管商人贸易。这又是一次千载难逢的良机。

很久以来，西域商人与中原贸易往来不绝。他们利用处于亚欧大陆东、西两端中转站的有利地位，将中原的丝绸、瓷器等物向西输送到波斯、拜占庭等国，又把西方的土特产、音乐、杂技等输入东土，使沿边诸国互通有无，自己也从中赚取差价获利。在这条漫长的沟通东、西的商路上，因为丝绸贸易一直占据大宗地位，后人便将其命名为“丝绸之路”。

隋文帝在位时，西域商人与中原进行商贸活动的中心位于张掖，政府在那里设有专职管理机构。杨广即位后，“丝绸之路”建设及张掖的商人贸易均受到前所未有的重视。他派裴矩这样的当朝政要去管理商人贸易，显然醉翁之意不在酒。裴矩在官场摸爬滚打几十年，自然也熟知皇帝的脾性，有闻弦歌而知雅意的本事，十分清楚自己必须比本职走得更远。对于这一点，从他回朝时给杨广的工作报告中就能窥探一二。

裴矩从张掖回朝，是杨广北游草原之后的事。他带回了三卷《西域图记》，还有一幅精心绘制的西域地图。这些资料价值连城，不仅详细展示出西域44国的山川地理、风土人情，还清晰标示着从西倾山向西、连亘二万里区域内的所有战略要地。通过这些资料，杨广第一次对西域的广阔世界有了比较详尽的了解。原来，从长安出发，途经河西走廊的敦煌，有三条路可通西海：南路经鄯善，中路经高昌，北路经伊吾。

“凭帝国将士的骁勇，度过濛汜水，翻越昆仑山，打通西域，本来易如反掌。但河西走廊南临吐谷浑，北接西突厥，西域诸国受其阻挠，至今不能前来朝贡陛下。”裴矩继续汇报道。

毋庸置疑，这份报告令杨广想起秦皇汉武的雄才伟略，也激发了他开疆扩土的雄心壮志。一连好几天，他把裴矩留在御座旁，亲自向他询问西域的详细情况。裴矩口若悬河，滔滔不绝，说得天花乱坠。杨广则听得乐此不疲，对这片广袤的陌生之地顿生向往之情。

那次汇报之后，裴矩又奉命回到了张掖。这时，他的职位已由民部尚书升为黄门侍郎，另外还附带一项新任务，筹划四夷事务，劝导少数民族入朝。有人据此认为，裴矩的努力使杨广将注意力转移到了西域。但与其这么认为，倒不如说是裴矩准确拿捏了杨广的心思，迎合其意并投其所好，获得了他的赞许。

那时，裴矩因有怀远之略而受到赏识，成为朝中最受青睐的大臣之一。杨广对他欣赏有加，还当众宣示：

“裴矩大识联意，凡所陈奏，皆朕之成算……自非奉国尽心，孰能若是！”①

但也正是从裴矩引导杨广经略西域之后，西域诸少数民族相继往来中原，沿途所经郡县的百姓疲于送迎，靡费良多，朝廷因此日渐疲弊。

另一方面，司马光通过追查裴矩后期的发展轨迹，发现他在改朝换代之后仍然官居高位，却成为恪尽职守、秉公办事、诤言直谏的贤臣典范。裴矩在隋、唐两朝的表现如此判若两人，令他不由感慨：

“君臣关系，犹如阳光与影子！阳光照向何方，影子就向哪个方向偏斜。”

---

① 司马光:《资治通鉴》，第181卷。

裴矩抵达张掖后，立马开始筹划西域的任务。他的第一项工作是解除吐谷浑和西突厥对河西走廊的威胁，打通中原连通西域之路。在这方面，他仍然仰仗于朝廷惯用的“以夷制夷”策略。就在杨广西巡之前几个月，他亲自前往贪汗山，游说不久前从西突厥治下独立的铁勒，希望他们出兵进攻吐谷浑。铁勒可汗表示乐于效劳，随即就向吐谷浑发动了猛攻。

吐谷浑位于青藏高原东北部，是一个由鲜卑人建立的部族政权。它向东毗邻中原王朝，向北跨过河西走廊与西突厥、铁勒为邻，东西长约四千里，南北跨度两千里。当时，它已存在了二百多年，正处于可汗慕容伏允的统治之下。伏允可汗在国内颇得人心，却未料到会从北方飞来横祸。在铁勒大军的突袭猛攻之下，他毫无招架之力，在连吃败仗之后一路向东逃窜，最后躲到西平避难。

这时，戏剧性的一幕出现了。可怜的伏允可汗，不知铁勒突袭吐谷浑是受裴矩主使，竟天真地派使者去长安求援。杨广见伏允可汗不辨敌友，料定恰可以趁火打劫，自然是既惊讶又欣喜。于是，他很爽快地派出了两路大军，分别由宇文述和一位亲王杨雄统领，不由分说闯入吐谷浑境内。

伏允可汗在西平遇到了宇文述，见对方兵势强盛，担心来者不善，于是来不及犹豫就又向西逃窜了。宇文述发现吐谷浑军这般不堪一击，引兵一路狂追，连拔曼头、赤水二城，之后带着三千颗敌兵首级和四千余名平民俘虏作为战利品，高奏凯歌还朝。

伏允可汗为自己的大意付出了惨重代价。当杨广从长安出发，途径扶风旧宅时，他几乎已丢失了所有的领地，万般无奈之下，只好躲到南边的大雪山中避难去了。

隋朝的鼎盛

杨广开启西巡之旅，是大业五年（609 年）薛世雄攻克伊吾之后的事情。

伊吾国位于西突厥的东南边缘，地处西域连接中原的枢纽地带。长安朝廷不占领该地，便无法打通通往西域之路。当时，伊吾王是在西突厥吐屯设的监控之下统治本国的，隋朝谋划降服伊吾，实际真正要对付的敌人是其背后强大的西突厥。

阿史那达漫是在达头可汗败亡（603年）之后登上汗位的。那几年，西突厥因为遭受铁勒反叛和其他变乱，国力大受削弱，声威也一落千丈。但尽管如此，它毕竟是中亚首屈一指的大国，其在当地的霸主地位短期内仍然难以撼动。当时，中亚有许多城邦式的蕞尔小国，因为国弱兵微，多数奉西突厥为宗主，在接受它指派的同时，也受到它的保护。伊吾就是其中之一。阿史那达漫即位后，为了便于管理，授予吐屯设对这些邦国的专管之职。

这是一种类似于后来唐朝安西都护府的机构。在吐屯设管理之下，这些邦国保持着有限的独立和自治，双方关系一直还算融洽。

但自从裴矩抵达张掖之后，情况慢慢有了变化。阿史那达漫已经察觉到，自己对这些邦国的控制正被日渐削弱。杨广在西巡之前，曾参加过一次祭祀恒山的活动，当时有十多个西域邦国遣使助祭。这显示裴矩在西域的工作已经初显成效，当然同时也意味着，西突厥的生存空间正被日渐蚕食。

杨广据此判断，长安朝廷染指西域的时机已经成熟。伊吾因为特殊的地理位置而首当其冲，成为第一个猎物。阿史那达漫当然不想失去这个盟友，所以不断地向伊吾王施压，阻止他向中原投怀送抱。这时，隋朝当局发现伊吾问题难以和平解决，就只能诉诸武力了。

杨广的行事作风，向来是雷厉风行、说一不二的。他很快就制定出了一份讨伐伊吾的计划。按照该计划，薛世雄被加封为玉门道行军大将，联合西突厥的宿敌启民共同行动。双方共同约定，先在玉门会师，然后联兵进讨伊吾。但后来，该计划在实施时遇到了严重阻碍。启民可汗奸诈成性，认为自己从中无利可图，一开始便采取了阳奉阴违的态度。他表面上虽声称出兵支援，但实际没有派出一兵一卒。

伊吾王自恃背后有西突厥撑腰，伊吾与长安远隔万里，中间又有广阔无垠的沙漠戈壁相阻隔，认为薛世雄在孤军无援的情况下绝对不敢贸然进兵。基于这种认识，他没有采取任何防御措施。但令他意想不到的是，杨广的计划并未就此搁浅，而是被变通执行了。几天之后，薛世雄率军渡过沙碛的消息传来，伊吾君民闻风丧胆，无奈之下只好放弃抵抗，束手归降。

从此，伊吾国由一个独立王国变成了归长安朝廷直辖的伊吾道。

伊吾王归降的消息传来，杨广精神振奋，立马下达了西巡的诏令。他于三月间出发，从临津关渡过黄河，一个月后抵达西平。几个月前，吐谷浑的伏允可汗还在这里避难，妄图得到救援，但后来发现情势不对，又跑到覆袁川自保去了。

杨广在西平驻扎下来，从那里遥控帝国的各路大军。为了鼓舞士气，他还特地举办了一次盛大的阅兵式，号召将士们从四面发起围攻，务必消灭吐谷浑。

伏允可汗当时自顾不暇，更无力救亡图存，仍在四处逃命。危难之时，他曾被迫瞒天过海，派替身蒙蔽敌方，才侥幸逃过了追杀。但与此同时，他麾下十几万臣民却拱手投降了。不久，隋将刘权从伊吾道出兵，跋涉千里攻入吐谷浑境内，先后将青海、伏俟城收入囊中，还俘虏了敌方几千名部众。

屹立于青藏高原三百余年的吐谷浑汗国，这时已濒临末路了。

吐谷浑被打垮，意味着西域连通中原的第一道阻碍已经被扫除。消息传到西平，杨广的得意心情是可想而知的。他当然也清晰认识到，此行主要目的是经略西域，消灭吐谷浑只是第一步，要实现全部目标，前面还有很长的路要走。

从西平出发，杨广带领群臣继续西行。当他们抵达燕支山时，裴矩已在那里恭候多时。见到杨广，他随即将几个月来招抚西域取得的成果进行了一次集中展示，规模之大前所未有：恭迎皇帝的队伍由西域近三十个国家的君主或特使组成，其中包括高昌王麹伯雅和伊吾吐屯设。按照预先部署，他们均身着锦衣、佩戴各种金玉饰品，集结于路旁待命，见到隋朝皇帝之后，有的焚香奏乐，有的歌舞欢腾。杨广御驾之后的车队绵延到几十里之外，两旁站满了盛装修饰的侍女，均是从武威、张掖等地事先招来的。

西域诸少数民族多是草原上的牧民，平素虽然擅长歌舞，却从未见识过如此盛况，无不惊得目瞪口呆。吐屯设摄于杨广的威严、隋朝兵马的雄盛，当即表示脱离西突厥，向隋朝进献所辖领地数千里。杨广龙颜大悦。对他而言，这可是一笔不小的资产。

当天的活动结束后，杨广意犹未尽，又下令在观风行殿里摆酒设宴，款待麹伯雅、吐屯设等众少数民族酋长，向他们大规模展示中原的仪仗、礼仪，还派人专场演奏了九部乐和鱼龙戏。西域少数民族对此闻所未闻，个个瞠目结舌，惊愕不已。散席之后，他们带着多少不等的赏赐，满载而归。双方皆大欢喜。

至此，杨广的西巡之旅圆满画上了句号。在起驾东返前夕，他怀着轻松、愉悦的心情，纵马来到青海。当地有一种传言称，将母马置于此地，可配得龙种。杨广对此十分好奇，迫不及待地带来两千匹母马，但终究没能配得龙种，就只好作罢了。

杨广此次西巡，成果之丰硕有目共睹。千百年来，他是第一位踏上青海极西之地的中原皇帝。对隋朝而言，当他这次出巡结束之时，西域的局势已经大为改观。吐谷浑和伊吾均被纳入了帝国版图，吐屯设连同西域二十余国也都宣布脱离西突厥，向长安朝廷投诚效忠。随后，杨广下令在这片广阔的新领地上，新辟西海、鄯善、河源、且末四郡，由将军刘权负责镇守。

刘权完全了解皇帝的意图，他将流刑犯训练为戍卒，大规模开发屯田，以抵御吐谷浑残部的侵扰，捍卫西域之路的畅通。

杨广本人对此次西巡的成果十分满意，也颇为自傲。尽管几年前，还有不少大臣对他北游突厥、厚待启民持有异议，但对于这次西巡，朝中再也没有不谐之音，几乎一致盛赞他的威德。

正是在这一年，大隋王朝的富强和声威达到了巅峰。杨广稳固地统治着东西 3100 英里、南北 4938 英里（按每里相当于 1/3 英里计）的

广袤版图，朝廷拥有约 900 万个登记户、5000 万人口，帝国稳定的行政单位包括 190 个州和 1225 个县。

“隋氏之盛，极于此矣。”①

但同时，长安各县及西北诸郡的百姓却由此新增了一项负担，每年要把数以亿万计的财物辗转运往塞外，路途险远不说，有时还会遇到匪盗抢劫。即便不少人畜已死在中途，各郡县也要继续征调，直至家业破败。

正所谓：“由是百姓失业，西方先困矣。”②

杨广取得的成就固然丰硕，却是以牺牲无数百姓的安乐生活为代价的。

离间西突厥

阿史那达漫即位西突厥可汗之后，一般被称为处罗可汗。他的祖父阿史那鞅素是阿波可汗的弟弟，曾在他麾下担任特勤一职，官位仅次于叶护和设。因此，阿波与沙钵略、莫何兄弟反目后，鞅素坚定不移地支持阿波一方。后来阿波兵败遭擒，他的子民群龙无首，又考虑到鞅素已经老迈不堪，便一致推举鞅素的儿子泥利继承了汗位。

泥利也就是处罗可汗的父亲，在位十六年，一直谨小慎微，安守本分，与达头的锋芒毕露、穷兵黩武形成了鲜明对照。双方虽然延续了之前的同盟关系，但这只是名义上的。泥利实际一直在韬光养晦，几乎从未响应过达头的军事行动。但后来，铁勒诸部的叛乱还是给了这对貌合神离的同命鸳鸯以致命一击。仁寿三年（603 年），达头孤身一人跑到青海，不知所终，而泥利也在战败后去世了。

那之后，达头和泥利的衣钵分别由射匮和处罗继承。

射匮是达头的孙子，按辈分处罗该称他为族叔。他们的同盟与先前已不可同日而语。以前，达头是西突厥无可争议的主角，但现在处罗却

① ② 司马光：《资治通鉴》，第 181 卷。

反客为主，成为名副其实的盟主，射匮只获得了地方小可汗的身份。这多半得益于泥利生前韬光养晦，积聚了不菲的实力。

自处罗即位以来，西突厥汗国在他的领导之下，走的是一条完全不同于东部启民的路线。启民是被隋文帝一手扶持起来的，后来虽然实力增强，但仍谨慎地依附长安朝廷；而处罗一即位就陷入了镇压铁勒诸部的战争泥潭，始终未注意同隋朝改善关系。

大业六年（610 年），当杨广结束西巡之时，西域的局势是这样的：铁勒已从西突厥的控制之下独立了出来，与长安朝廷大致保持着友好关系，并助其击溃了吐谷浑；吐谷浑除伏允可汗还保留一支残部之外，其余领地和部众均被纳入长安朝廷的管辖之下。这样，处罗的西突厥汗国就作为隋朝连通西域的第二道障碍，引起了隋朝当局的关注。

在中原通往西域的三条路之中，北路和中路都在西突厥势力范围之内，裴矩想招抚西域诸国，自然无法忽略这个庞然大物的存在。早在杨广西巡之前，裴矩就曾在处罗的母亲身上做文章，想借此拉拢处罗归附长安朝廷。

处罗的母亲向氏，是一名地地道道的汉人。她曾在隋文帝晚年到长安省亲，后来因本土遇到战乱，就被留在了朝廷的鸿庐寺。从那时算起，向氏已经有四年多没见过儿子处罗了。处罗也肯定知道，母亲已被长安朝廷变相软禁起来，成了日后对付自己的砝码。如今，这一天果然来临了。裴矩知道处罗思母心切，发现正是见缝插针的机会，便向长安报告了相关情况。杨广很快就按照其建议制定了行动计划。

不久，处罗的汗庭里就来了一位不速之客。来者名叫崔君肃，自称是奉隋朝皇帝之命前来慰问的。处罗可汗当然不知道，这正是裴矩向朝廷献的计策。不过，当时西突厥国力强盛，又远离中原，处罗即便知道对方来者不善，也可以有恃无恐。于是，他十分傲慢地接待了来使，甚至在接受诏书都没有起立。

谁知崔君肃不但没有丝毫不悦之色，相反还以极大的耐心给对方申明利害：

“自突厥汗国一分为二以来，东、西两部连年交兵，谁都不能打败

对手。启民拥众百万，却对隋朝天子俯首称臣，恭敬有加，其实是想借隋朝之力对抗可汗。向夫人因此日夜悲泣，请求召可汗归附朝廷。天子这才派我前来，不料可汗竟傲慢至此。可汗难道就这么爱惜两拜之礼，而不顾向夫人的处境，甘愿使社稷化为废墟吗？”

这篇说辞想必是崔君肃精心准备的。不过仔细琢磨，倒也不无道理。处罗只要对大隋天子称臣跪拜，诚恳表示归附，到时能促成两国之间的和平不说，其母亲向氏也可保无虞，而且唯隋朝马首是瞻的启民也不敢单方面采取行动。如此一举三得，何乐而不为呢？

想到这里，处罗可汗一跃而起，流着泪跪拜在地上，恭敬地接受了诏书。等崔君肃要回朝复命之时，他还请求对方带回几匹上等好马，作为朝供之礼。这实际也就意味着，崔君肃此行的目的已经达到了。

处罗可汗臣服隋朝，自然是有不得已的苦衷，但这并不被他的国人所理解。他的臣民害怕自己的可汗会步启民的后尘，沦为长安朝廷的附庸。另一方面，处罗对朝廷只是名义上的归附，长安朝廷对此仍心存疑虑。为了检验处罗的诚心，杨广在西巡期间曾约他去大斗拔谷会面。但处罗的臣民得知该消息后，竭力抵制可汗前去赴约。在他们看来，长安朝廷如果像对付伊吾一样，派自己的军队跋涉千里，来进攻一个远离中原的西方大国，就算获胜也得不偿失，他们断然不会采取这种冒失之举。这也就意味着，处罗即便听从国人的意见，不向大隋皇帝表示屈服，仍然可以高枕无忧。

这种想法也许没错，但他们忽略了至关重要的一点，中原王朝对付北方少数民族历来不单依仗兵力的强盛，他们还惯于暗中施展计谋，不战而屈人之兵。杨广以试探态度约处罗赴会，被拒后满怀愤恨。既然对方反复无常，无心归附朝廷，又如此桀骜不驯，是该施以严惩的。但如何能将其制服，杨广一时又苦无良策。

“处罗不朝，恃强大耳。臣请以计弱之，分裂其国，即易制也。”①

裴矩上次施计不成，这次发现又有邀功的良机，便赶紧再去献策。

① 司马光：《资治通鉴》，第181卷。

这次，他真正瞅准了处罗的软肋——射匮。

射匮的领地位于撒马尔罕以北，只是其祖父达头庞大遗产的一小部分。达头之前是西部阵营的首领，还差点成为整个汗国的君主。但他死后，处罗趁机反客为主，夺取了西突厥的君主之位。势单力孤的射匮无力与处罗抗衡，只得逆来顺受，屈居地方小可汗，负责处理西域诸少数民族事务。

射匮当然心有不甘，梦寐以求想夺回本该属于自己的汗位。但是，他仅凭一己之力又难以与处罗抗衡，于是就想到了依托隋朝为靠山，壮大自身力量。对此，最佳方式莫过于与隋朝皇帝联姻了。况且，这方面的成功先例也并非没有。十几年前，启民就是以这种方式以弱胜强，打败了对手都蓝。

大业七年（611 年），裴矩向杨广献计之时，恰逢射匮派使者抵达长安，想向隋朝求婚。裴矩对射匮的心思洞若观火，见眼下有如此良机，当然不肯轻易错过，于是向皇帝献计道：

“拜射匮为大可汗，厚礼其使，则其与处罗势分，两从我矣。”①

一直以来，草原上所有的明争暗斗，背后几乎都夹杂有中原朝廷的身影。他们用一只无形的巨手，悄无声息地操纵着草原上的时局变换。几年前，裴矩曾借铁勒之力摧毁了吐谷浑，这次不过是故技重施，再借射匮之力打垮处罗。

杨广对裴矩的计策表示赞许，并予以采纳。然后，他就在仁风殿召见了射匮的求婚使者，先向他大讲特讲处罗的不是，然后又许诺道：

“射匮向善，吾将立为大可汗，令发兵诛处罗，然后为婚。”②

杨广答应了射匮的求婚，然而却附加了条件。使者临行，他又取出一枚桃竹白羽箭，让他捎带给射匮，并一再嘱咐：

“此事宜速，使疾如箭也。”

使者拜谢完皇恩，便兴高采烈地负箭西返了。

① ② 司马光：《资治通鉴》，第 181 卷。

收复处罗

大业七年（611 年）深冬，处罗可汗在涿郡临朔宫第一次见到了隋朝皇帝。当时，长安朝廷与高句丽的战事即将拉开序幕。杨广对此战自信满满，兴致极高。处罗自忖之前曾得罪过他，所以一见面立马就跪地致歉：

“臣总西面诸蕃，不得早来朝拜，今参见迟晚，罪责极深，臣心里悚惧，不能道尽。”①

杨广倒是不计前嫌，不但毫无责备之意，还好言安抚对方道：

“往者与突厥相侵扰，不得安居。今四海既清，与一家无异，朕皆欲存养，使遂性灵。譬如天上止有一个日照临，莫不宁帖；若有两个三个日，万物何以得安？”

在这之后，杨广又给处罗一行设豪宴相款待。筵席之上，既有各种珍馐佳肴，又有窈窕美女伴舞、丝竹管弦伴奏，足以炫人耳目，极视听之娱。处罗等人都是草原少数民族出身，毕生从未见过如此盛况，今日大开眼界。但一想到寄人篱下的生活就要开始，他心里满是伤感，哪还能留心于此呢？

处罗这次来涿郡朝拜隋朝皇帝，其实实属无奈。大约两个月前，他在汗庭外遇到过一个身带桃竹白羽箭的人。那人行色匆匆，自东向西路经他的辖地。处罗平生爱箭，见到桃竹白羽箭当然十分喜欢，就竭力想将他挽留下来。不料对方以种种托词相推，执意不肯逗留。处罗万般无奈，只得放行。

事情到此当然还没有结束。此后没几天，处罗就遭到了射匮的突袭。对方的大军从西面掩袭而来，攻势凌厉，令人猝不及防。处罗在战败之后，被迫抛妻弃子，只带数千骑兵向东落荒而逃，在途中又遭到劫掠，一直到高昌东面的时罗漫山才停驻下来，狼狈至极。

高昌王麹伯雅情知事大，当然不敢怠慢，立马报告给了长安朝廷。处罗万万没有想到，自己竟是在此地见到了久别的母亲。

---

① 司马光:《资治通鉴》，第 181 卷。

处罗与母亲这次见面，当然是杨广授意的，他想借此劝抚处罗归附朝廷。向氏在朝廷的专人护送之下，从长安出发，一路辗转，先被送至玉门关，再转交裴矩安排，到时罗漫山与儿子会面。处罗可汗如今身陷囹圄，走投无路，除了归顺朝廷之外，还能有什么其他选择呢？

在与杨广晤面之后，处罗也跟随参加了征伐高句丽的战役。他还从杨广那里得到了一个新称号——曷萨那可汗，外加一笔丰厚的赏赐。本来，杨广还答应有朝一日助他复国，但第一次远征高句丽竟出乎意料地以失败告终，从此他的复国梦便遥遥无期了。而且，杨广后来也改变了初衷，决定将处罗的部众一分为三：由他弟弟阙度设统领一万人马，驻于会宁；其余由大奈特勤统领，驻守于楼烦；处罗本人只带领五百骑兵，时刻追随皇帝左右，成了他的警备队队长。

高句丽的战事迁延日久，使隋军陷入泥潭后无法自拔。这给射匮发展势力提供了良机。趁着长安朝廷无暇西顾，他决心重振祖父达头的权力和声威，先将汗庭迁往龟兹以北的三弥山，然后开始蚕食周边，开疆拓土，数年之间就将东起金山、西至里海的广大区域收入囊中，玉门关以西诸国也多在其势力范围之内。此后，他仗着自己雄厚的国力，开始与东突厥为敌。

从那以后，处罗再也没有踏入故土，也再没见过妻子、儿子和弟弟。他一生中的突厥时代就此结束了。回顾这段时期，他是唯一一个代表阿波系压倒达头系的西突厥可汗。在处罗之前，阿波、泥利父子均是达头的追随者；而在处罗之后，西突厥可汗都由达头的后嗣担任。处罗因为治国无方，葬送了阿波系可汗的前程。在西突厥历史上，他作为阿波系唯一的大可汗，既是开创者，又是终结者。

大事记（三）

西魏废帝元年（552年）

突厥崛起于金山（阿尔泰山）一带。酋长阿史那土门带领族人击溃

宗主柔然，建立突厥汗国，号伊利可汗。

西魏废帝二年（553）年——北周建德元年（572 年）

突厥伊利可汗之子木杆可汗在位。其人状貌奇异，刚勇多智，务于征伐，南击吐谷浑，西败嚈哒，东却契丹，北并契骨，使汗国疆域东至辽河、大兴安岭，西接咸海、阿姆河，南抵长城，北达贝加尔湖，威服塞外。

北周建德元年（572 年）——隋开皇元年（581 年）

木杆可汗之弟突厥佗钵可汗在位，崇信佛教。可汗拥兵数十万，一面插手西域事务，联合拜占庭攻伐萨珊波斯；一面染指中原，从周、齐对抗中渔利，并骄傲宣称："我在南两儿（北周、北齐）常孝顺，何患贫也！"

开皇元年（581 年)

突厥佗钵可汗死，其子侄庵逻、摄图、阿波三人争国：摄图为大可汗，号沙钵略；庵逻为第二可汗；阿波为阿波可汗。三人族叔玷厥为达头可汗，居西部。诸可汗各统部众，分居四面。杨坚派长孙晟出使突厥，离间各部。

开皇三年至开皇五年（583-585 年）

突厥大乱，东、西两部分立。阿波联合贪汗、达头二可汗，与沙钵略连兵相攻。沙钵略势穷，称臣于隋，隋助其击败阿波。

开皇二十年（600 年）

突厥西部达头可汗屡攻东部启民可汗，并侵扰隋朝边境。

仁寿三年（603 年）

铁勒部反叛西突厥，建立铁勒汗国。达头逃亡青海，不知所终，余部归附启民。阿波可汗之孙阿史那达漫，被拥立为西部可汗。

大业三年（607 年）

1 月，东突厥启民可汗入朝，请袭冠带，杨广不许。

6 月，东突厥启民可汗上表，请求“帅部落变改衣服，一如华夏”，杨广不许。

8 月，杨广带兵 50 余万，北游东突厥，幸启民可汗帐，并赋诗纪念。

10 月，裴矩自张掖入朝，上奏《西域图记》三卷。杨广慨然慕秦皇、汉武之功，以裴矩为黄门侍郎，经略西域。

大业四年（608 年）

2 月，杨广遣使崔君肃慰谕西突厥，处罗可汗跪受诏书，贡汗血马。

7 月，裴矩游说铁勒击吐谷浑，大破之。杨广派兵趁火打劫，吐谷浑伏允可汗南奔雪山，其故地入隋版图。

8 月，杨广祭祀恒岳，裴矩招揽西域十余国前来助祭。

10 月，杨广派薛世雄西征，逼降伊吾。

大业五年（609 年）

1 月，东突厥启民可汗来朝，杨广礼赐甚厚。

3–9 月，杨广西巡至张掖，于燕支山会见西域二十七国使者，伊吾吐屯设献地数千里。隋朝新置西海、河源、鄯善、且末等郡。

11 月，东突厥启民可汗死，其子始毕可汗即位。

大业七年（611 年）

10–12 月，西突厥酋长射匮（达头可汗之孙）遣使求婚，裴矩趁机唆使其反叛处罗可汗。处罗遇袭战败，归附中原，朝见杨广于临朔宫。

大业八年（612 年）

1 月，杨广将处罗可汗部一分为三：处罗率五百骑兵，重征高句丽；其弟阙度设率万余人居会宁；大奈特勤卒余众居楼烦。

第四章　辽　东

“今天下大定，唯辽东未宾，后嗣因士马盛强，谋臣导以征讨，丧乱方始，朕故自取之，不遗后世忧也。”

举国动员

大业七年（611年），也就是杨广西巡结束后的第二年，他又开始着手一项新的征讨任务，目标是位于辽东的高句丽。四年前（607年），当他驾临启民的汗帐时，有一段小插曲令其深感不快——竟在那里碰到了高句丽使节。这意味着双方暗中早有外交往来。

启民可汗与高句丽王通使究竟始于何时，出于何种动机，想达到何种目的，至今还是难以破解的悬案。不过有人认为，两国在地缘上位于东北亚，而且都毗邻中原，必定是被某种共同的利益纽带连在一起。至于双方是否将共同的矛头指向了长安朝廷，那就只有他们自己清楚了。

但高句丽王这次遣使造访突厥，的确来得很不是时候，恰巧碰到了北游的杨广一行。事已至此，启民本来大可将使者窝藏起来，不让隋朝君臣发现。但他偏又是个谨小慎微之人，害怕被发现会引起不必要的误会，所以权衡再三之后，还是将高句丽使者带来面圣，并向杨广如实供述了事情的原委。

眼前的状况让杨广始料未及。不过，他虽然心中不悦，但毕竟启民的态度还算诚恳，高句丽使者也没有造次，于是，他在咨询了边疆问题专家裴矩的意见之后，便打定了主意，令使者给高句丽王带话：

“朕以启民诚心奉国，故亲至其帐，明年当往涿郡。尔还日，语高（句）丽王：宜早来朝，勿自疑惧，存育之礼，当如启民。苟或不朝，将帅启民往巡彼土。”①

杨广这里所说的高句丽王是指高元，当时在位已有十七年之久。杨广此语半带威吓半带慰抚，实际是想告诫他应该效法启民，自觉归顺朝廷。因为按照裴矩的看法，东突厥在东北亚算是首屈一指的强国，启民尚且对长安朝廷毕恭毕敬，而高句丽的国力远在东突厥之下，高句丽王更该有自知之明，对朝廷俯首听命才是。裴矩在分析东北业局势时，很自信地指出了这一点。

裴矩虽然熟悉边疆事务，但主要是在西域方面，而且那是他在张掖进行四年调研的结果。对于高句丽的情况，他除了了解一些基本情况之外，只能靠一些模糊的揣测和推断，当然远不如掌握第一手资料可靠。就拿这次来说，事情的后续发展严重超出了他的预料。尽管杨广让使者带话给高句丽王如期震慑了对方，但高元在恐惧之下，不但没有自行入朝，或者派使节前来谢罪，反而自此断绝了与长安的交往，并开始采取一些备战和防御的举措。

高句丽王的出格举动令长安方面惊诧不已。既然对方一意孤行，杨广也就决定兑现前言，放弃和平招抚之策，将高句丽问题的解决诉诸武力。

从大业四年（608 年）起，为了在涿郡和东都之间转运粮草军械，杨广下令从河北招募民丁，开挖连通两地的水道。该河道是大运河最北边的一段，被称作永济渠。在大运河四段河道之中，该段工程在长度、施工难度和工程规模上都是空前的，投入的劳役数量和施工时间也大大超过其他三段。

“从河北征发的劳力有五百万之多，耗时两年多才竣工。”很多年后，司马光惊奇地感叹道，“当男丁不够用时，一些妇女也被征去服役。”

① 司马光：《资治通鉴》，第 180 卷。

紧接着，其他各项备战工作也陆续展开。针对全国的征兵令早已下达，各地的兵员正奔赴如流，从四面八方赶往涿郡集结，其中有来自江淮以南的水手、弩手，还有来自岭南的排镩手。河南、江淮等地则奉命赶造五万辆战车，供承载衣甲幔幕之用。大江之上，来自黎阳、洛口仓的运粮船络绎不绝，绵延了数千里。在陆路方面，输送兵甲、攻城器具的民夫成群结队，昼夜不息，以至于死者相枕，臭秽满路。东莱海口的工人奉命赶制三百艘战船，为了赶上工期，他们饱受主管官吏的威逼，不分昼夜地站在水中赶工，自腰以下腐烂生蛆，死者近半。

备战工作即便这样紧锣密鼓地进行，还是没能赶上预期的进度，这令杨广大为不满。这正是一些朝中大臣谄媚、邀功的良机。民部侍郎裴蕴心思精巧，经过仔细推敲，认定造成工期延误的关键是民夫不足，其原因则在于，民间有许多人为了逃避劳役而脱漏户口，或者假冒老幼注册户籍。于是，为了使朝廷获得更多的登记户口，他很快想出了一记"貌阅"的妙招，在得到杨广批准后，立马由他组织实施。

在推行"貌阅"政策时，主管人员必须当面核查每个人的年貌形状，凡经核查达到成丁之岁的百姓，都要被载入户籍，按国法承担赋税和徭役。一旦有人被纠查出已满成丁年龄，而没有被载入户籍，那他全家就要代纠查者承担赋役。主管官员若有核查不实者，也会被立即解职，相关的里正、里长也都要被流配远乡。

其实，"貌阅"算不上是裴蕴的新发明，朝廷早在隋文帝初年就推行过一次。当时的效果非常突出，所以这次劳役不足，裴蕴又想以此来增加登记户。果然，朝廷推行该政策不到一年，国家的户籍人口就增加了六十四万之多。杨广对此大为满意，当众夸赞裴蕴道：

"前代无贤才，致此罔冒；今户口皆实，全由裴蕴。"①

裴蕴就是凭着这项奇功，很快跻身朝廷"五贵"之列。

除此之外，杨广为了增加户籍人口，还打起了令佛徒还俗的主意。佛教传入中土尽管已有六百年之久，但直到南北朝时期才真正繁盛起

① 司马光:《资治通鉴》，第 181 卷。

来。隋文帝和独孤皇后就笃信佛教，而且鼎力支持它的发展，晚年还专门颁发了一道诏令，规定毁弃佛像者要被判处死罪。当时民间佛书的数量是儒家六经的六倍之多。可见，当时佛教的繁盛已经远远超过了本土的儒家。但由于寺庙佛徒不用给朝廷纳税服役，这种过度的繁荣对政府未必是好事。可能正是由于这种原因，杨广对佛教采取了更为务实和功利的态度，在支持力度上比隋文帝时期大为逊色。为了充实国用，他更是不惜采取一些限制佛教发展的政策。比如，在一道关于融并寺塔的诏令中，他要求各地 50 人以下的小寺都要被裁撤掉，德行不高的僧侣必须还俗。

朝廷严厉的宗教政策给僧侣们带来了诸多不便。这一诏令颁发后，各地出现了不少僧侣暴动现象。大业七年（611 年）初的长安建国门事件，就是一起典型的僧侣暴动。大年初一清晨，数十名素冠练衣之人自称弥勒佛，从建国门进入皇宫，监门的卫士见其个个焚香持华，均稽首礼拜。但接下来，他们就开始抢夺卫士们的兵仗，然后去行刺皇帝。好在这时杨广的次子齐王杨暕恰巧路过，才顺利平息了暴乱。

当然，杨广在备战工作中遇到的阻碍还远不止这些。除了各地盗匪作乱之外，更严重的还有天灾降临。当年夏天，河南、山东等地突发特大洪涝灾害，淹没了三十多个郡，随之而来的还有大饥荒和严重的通货膨胀，使当地百姓苦不堪言。

但这些都只是节外生枝的小插曲，自然妨碍不了杨广出兵高句丽的壮志雄心。那年二月，他在扬子津大宴完百僚，之后从江都乘龙舟北上，抵达涿郡后，没几天就下达了征讨高句丽的诏书。

混乱的东北亚

大业八年（612 年）初，与高句丽开战前夕，杨广亲自检阅了帝国军队。三百多万大军已经在涿郡集结待命，随时准备开展征讨任务。杨广阅军完毕，显得信心十足。他或许认为，这次征讨行动必将成为他执政生涯中浓墨重彩的一笔。至于完成这项任务之后，他的“大业”梦是否包括更加宏大、长远的计划，恐怕谁也不得而知。

那时，杨广的确站在了权力和威望的巅峰。环顾四邻，北方东、西两个突厥汗国均已降服；在西域，有三十多个邦国表示归顺，吐谷浑也已被消灭；在南方，继刘芳将军征服林邑之后，方俊又奉命出使更往南的赤土，招致十余国遣使归顺，东南的琉球也已被征伐。所有这些少数民族，都被纳入杨广梦寐以求想建立的朝贡体系之中。

当然，所有这些成就，无不是杨广站在其父隋文帝的肩上得来的。要不是隋文帝苦心孤诣治国二十余年，积累了雄厚的国力，杨广是断然难有上述作为的。

在上述任务完成之后，唯一还需杨广下大气力解决的，就只有东北一隅了。那里有两个国家一直桀骜不驯，不肯降服大隋朝廷，一个是隔海相望的倭国，一个是辽东的高句丽。

倭国孤悬于东海之外，与中原大陆一衣带水。在隋文帝之前，它与中原王朝的官方交往已经持续了五百多年。倭王密切关注着中原的局势，有时根据情势需要，会接受中原朝廷的封号。隋文帝晚年，倭国的统治者认识到隋朝国力的强盛和制度的先进，开始在国内推动一系列汉化改革，期间曾三次遣使中原。

“闻海西菩萨天子重兴佛法……”

大业三年（607 年），倭国推古天皇在给隋朝皇帝的国书中如此称呼，表明他们是为了拜求佛法而派遣的使节。但实际上，他们的意图可能远不止此。有人已经注意到，倭国使团除了有外交使节之外，还有一定数量的学生和僧人，据此判断，他们或许是想学习隋朝的文化礼仪和典章制度，以服务于本国的汉化改革。但无论他们的动机如何，这些根本就没有引起杨广的重视。倭国天皇在国书中提到一句“日出处天子致书日没处天子无恙”，更使杨广深感不快。

“蛮夷书有无礼者，勿复以闻。”杨广对朝臣们吩咐道。

与杨广对倭国不屑一顾的态度形成鲜明对照的，是他对高句丽的重视。实际不只是他，中原王朝统治者对高句丽的关注和敌视，从隋文帝就开始了，而且一直持续到唐朝第三代皇帝高宗李治，跨越了大半个世纪。

高句丽的地盘原本在中原王朝治下。早在周朝初年，高句丽政权尚未建立，那里大部分被划为箕子的封地。之后从汉至晋五六百年间，辽东一直作为朝廷的直辖郡县而存在，被认为是中原的一部分。由于这种观念根深蒂固，历代帝王都将统一天下视为自己的职责所在。

当隋文帝在位之时，高句丽的国力鼎盛期已过去半个世纪。当时统治高句丽的平原王高汤，眼睁睁看着关中政权迅速崛起，日渐恐慌起来。隋文帝已经明确打出了“复汉魏之旧”的旗号，预示着辽东有可能继江南之后，成为下一个被吞并的目标。于是，高汤受一种强烈的自保意识驱使，一面中断了对长安的朝贡，一面加紧治兵积谷，积极筹划防备长安派兵侵袭之策。隋文帝闻讯，龙颜震怒，于开皇十七年（597年）致书谴责对方道：

“王谓辽水之广何如长江？高（句）丽之人多少陈国？朕若不存含育，责王前愆，命一将军，何待多力！”

隋文帝尽管如此严厉谴责高汤的不智之举，但并不想对其兵戈相加，而在竭力争取和平解决。但高汤却错解其意，不自觉夸大了问题的严重性，导致因惊恐和忧虑而紧张过度，不久就一命呜呼了。

高汤死后，新即位的是他的儿子高元，又走向了与其父相反的另一个极端，竟对隋文帝的谴责置若罔闻。即位之初，他试探性地按惯例请求隋朝册封。隋文帝批准了这一请求后，高元错误地断定长安无意对自己动武，接下来便先发制人，于开皇十八年（598年）初明目张胆地向辽西发动了进攻。

隋朝与高句丽的关系本来就已趋于恶化，高元的贸然之举更使其雪上加霜。隋文帝当初平定江南动用了51万兵力，如今为了对付高句丽，又迅速集结起一支30万人马的大军，名义上由杨广的汉王杨谅挂帅，实际由宰相高颎和擅长水战的南朝降将周罗睺全权负责，决定给高元以沉重打击和深刻教训。

仅就实力对比而言，此次隋军出征对高句丽不啻为灭顶之灾。但是，隋朝出兵过于仓促，对辽东复杂的水土、气候考察不周，恰巧在夏

末赶上了雨季。结果，大军粮草不继不说，前线士卒也水土不服，多生疾疫。周罗睺的海军从东莱港出发，跨海直驱平壤，中途也遭到飓风侵袭，多艘战船覆海沉没。秋末时，隋文帝在已丧师十之八九的情况下，被迫下达了撤军令。这场虎头蛇尾的征讨行动，就只能草草收场了。

隋文帝为自己的轻敌悔恨不已，接下来几年又陷入与突厥的战事，也就无法再将过多的精力放在武力解决高句丽的问题上。高元也很知趣，战后乖乖以“辽东粪土臣元”的口吻上疏谢罪。于是，双方的关系又很快恢复如初了。朝鲜半岛南端的百济是高句丽的宿敌，尽管仍然在怂恿朝廷出兵，甚至主动请缨提供向导，但最终隋文帝还是委婉拒绝了。

“高句丽服罪，朕已赦之，不可致伐。”隋文帝答复百济王称。

终隋文帝一朝，高句丽问题就这样被束之高阁了。至于以后是否继续给它以惩罚，他生前未作任何表态。但杨广的性格与作风与其父迥然不同，随着他即位后隋朝的国力很快达到鼎盛，新朝廷是不会一味姑息、纵容，容忍高句丽问题迟迟悬而不决的。

“高（句）丽本箕子所封之地，汉、晋皆为郡县；今乃不臣，别为异域。先帝欲征之久矣……当陛下之时，安可不取，使冠带之境，遂为蛮貊之乡乎！”①

大业四年（608 年），裴矩就是以上述理由劝说杨广远征高句丽的，这代表了当时朝中大臣们的一般看法。十余年后，裴矩又给唐朝统治者效力，对未解决的高句丽问题仍然抱有遗憾。当中原统一后，他一再致意唐帝李世民：

“辽东本箕子国，魏晋时故封内，不可不臣。中国与夷狄，犹太阳于列星，不可以降。”②

李世民作为一代贤明之主，素来以亡国之君杨广为前车之鉴，处处注意与他拉开距离。但唯独在对待高句丽的问题上，两人的态度竟然出

---

① 司马光：《资治通鉴》，第 181 卷。

② 司马光：《资治通鉴》，第 197 卷。

奇的一致。

“今天下大定，唯辽东未宾，后嗣因士马盛强，谋臣导以征讨，丧乱方始，朕故自取之，不遗后世忧也。”①

在李世民看来，收复高句丽故土乃是中原皇帝的职责所在，即使自己不做，将来他的继承人也必定要做。而后世子孙一旦处置不当，就容易重蹈前朝覆辙。所以，为了避免遗留后患，李世民还是决定亲自解决高句丽问题。

尽管如此未雨绸缪，李世民对高句丽的征讨行动也以失败而告终。无奈之余，他只好将此重任留给继承者，之后便带着遗憾撒手人寰了。二十年后，他的儿子李治经过近十年的残酷战争，终于趁高句丽内乱之机将其埋进了坟墓，由此完成了两个王朝四代帝王的夙愿。

民变初起

漳南县隶属于清河郡，位于华北平原的腹地，北接燕赵，东接齐鲁，地理和交通均十分重要。从更大范围来看，这里也是山东地区的中心地带。据魏征介绍，生活在这里的人质朴率直，心怀大义，颇有周公、孔子遗风。

这里便是孙安祖的故乡。

作为广大农民中的普通一员，孙安祖和多数同乡一样，除每天在田地里辛勤耕作之外，还要承担沉重的徭役和赋税。尤其是杨广即位以来，朝廷欲壑难填，接连让他们建东都、修运河、筑长城、参军征伐吐谷浑，几乎没个消停。拿这次征伐高句丽来说，朝廷将涿郡作为兵员、物资的集结地，漳南则自然是备战的大后方，当地百姓的赋役负担就更沉重了。自大业七年（611 年）起，朝廷要求在山东设府养马。当地百姓在这项任务之外，还肩负着往泸河、怀远二镇运送粮草的重担。他们一般是驱牛车运粮，因为路途险远，旅途劳顿，往往牛和人在半途

① 司马光:《资治通鉴》，第 181 卷。

就倒下了。

有些人因完不成任务，怕被问罪，干脆就亡命他乡，落草为寇，能安全返乡的还不足一半，由此导致耕稼失时，田畴多荒。饥荒和通货膨胀也随之而来，在靠近东北的地方，一斗米能卖到几百钱。

更使百姓祸不单行的是，这一年山东还遭遇了百年罕见的洪涝，受灾地区遍布三十多个郡，漳南恰好是重灾区。很多百姓无法继续生活，都相继逃荒他乡了。孙安祖眼睁睁看着自己家的屋子被水冲垮，老婆、孩子也相继饿死，根本无可奈何。对于这些情况，朝廷似乎视若无睹，这也就难怪民众的不满与怨愤与日俱增了。

对于百姓的悲惨处境，杨广当然是无从体会的。他不但对民众的怨言充耳不闻，有时对大臣们的劝谏也感到厌烦。不久前，他下令在太原修建汾阳宫，御史大夫张衡规劝他道：

“朝廷连年劳役繁多，百姓疲惫。希望皇上能够留意，减少一点劳役。”

结果，没多久张衡就被打发到榆林任太守去了。之后，杨广继续陶醉于自己的大业梦，征讨高句丽决不能推迟，更不能取消。但杨广作为一国之君，又不能表现得漠视民众疾苦，还是需要做一些安抚民心的工作。对此，杨广是有所留意的。比如，在出军前的一次动员讲话中，他就自称感慨于上至一品高官下至贩夫走卒的积极和奋勇，一再下诏表示：

“凡参军从征者，郡县应体恤慰问其家。若有粮食少，皆宜赈给；或虽有田畴，贫弱不能自耕种，可于多丁富室劝课相助。使夫居者有敛积之丰，行役无顾后之忧。”

有人认为，杨广颁发此诏令，不过是口惠而实不至的表面文章。但从下面一则事例来看，这种评价是有失公允的。那时，百姓失业、物价飞涨已经司空见惯。齐郡郡丞张须陀目睹百姓饥寒交迫，心有不忍，便想开仓放粮。当有人以未得皇帝允许而劝阻时，张须陀认为若等奏报皇帝，往返近一年，百姓只有死路一条，便先斩后奏，下令放粮赈灾。杨广后来得知此事，对张须陀竟无一点责备之意。

尽管杨广颁发此诏令的动机无可指摘，但他毕竟将主要精力放在了战争上，而且许多地方官员也刻意阳奉阴违，致使其关于体恤民众的指令在执行中严重走样。对于处在水深火热中的百姓，地方官吏们不仅不予以体恤和慰问，反而趁机搜刮民财，巧取豪夺。百姓们本就因赋役和洪涝而苦不堪言，现在更是雪上加霜了。

很多年后，司马光以他的如椽大笔，描绘了当时百姓流离失所的窘境和官逼民反的残酷现实：

“百姓困穷，财力俱竭，安居则不胜冻馁，死期交急，剽掠则犹得诞生，于是始相聚为群盗。”①

孙安祖就是在这种情况下被征去从军的，县令看中了他的骁勇。与他同时入伍的还有一名同乡窦建德，自幼尚奇任侠，为人慷慨仗义，为广大同乡所敬重。县令看他胆力过人，选他做了二百人的首领。但孙安祖对从征却是一百个不情愿。

“我家被洪水冲垮，老婆、孩子都饿死了！”他苦苦哀求道。

但县令只想完成自己的征兵任务，对孙安祖的家庭遭遇根本不屑一顾。当看到对方推脱不愿入伍时，他以鞭笞来做回应。结果孙安祖忍无可忍，一怒之下，竟刺死了县令。为了躲避兵卫追捕，他在走投无路之际，只好暂且跑到窦建德家避难，但没过多久就被衙门给发现了。

“如今水灾严重，百姓疲敝，皇上却不恤民情，还要御驾亲征高句丽，天下必将大乱。大丈夫在世应闯一番功名，怎能当逃犯呢！高鸡泊方圆几百里，泽内蒲草深密，足以藏身。你可借此立足，一边积聚人马，等待时局动荡，必然干出一番惊天动地的大事业。”

窦建德心知窝藏孙安祖不是长久之计，想让他另谋生路，但又不便直说，只好用这番慷慨之词相激，而且为他纠集了几百名逃避徭役的无赖少年。孙安祖迫于无奈，便带领这一小股人马，到附近的高鸡泊落草去了。

① 司马光:《资治通鉴》，第 181 卷。

当时，清河郡境内还有几股盗匪，比孙安祖落草更早，时常打家劫舍。衙门的差役惊奇地发现，唯独窦建德家从未遭到他们的骚扰，由此怀疑他与盗匪有勾结，竟事先连个招呼都不打，就将其家人逮捕后全部杀死了。窦建德被逼无奈，也只能加入了盗匪的行列。

当时，像窦建德、孙安祖这样因家庭破败而落难的草莽英雄，在清河郡及周边还有很多，他们的悲剧大同小异。鄃人张金称在河曲聚众起事，蓨人高士达则在清河境内聚众为盗。他们原本都是因天灾人祸而在死亡边缘挣扎的穷苦百姓，只为求得一丝生机，而走上了反抗朝廷的道路。邹平人王薄霸占了山东长白山，自称“知世郎”，扬言可以预知未来之事。为了最大限度吸纳避役之人，他还创作了一首《无向辽东浪死歌》：

长白山前知世郎，纯着红罗绵背裆。
长槊侵天半，轮刀耀日光。
上山吃獐鹿，下山吃牛羊。
忽闻官军至，提刀向前荡。
譬如辽东死，斩头何所伤。

随着百姓的赋役一天天加重，水灾也一直得不到朝廷的重视，各地反抗政府的队伍日益增多，也越来越庞杂。渐渐地，在草莽豪杰之外又出现了一批新型队伍，他们的首领多是地方累世富豪或权贵，其反抗朝廷一般是想浑水摸鱼，趁时局之乱攫取更大的利益。家住平原县东部的刘霸道，就是累世仕宦，家底殷实。他借着这批雄厚资财收养宾客和破产者，家中经常座无虚席。在举旗起事后，其部众很快发展到十几万人马，号称“阿舅贼”。

杨广虽然一心希望百姓支持自己对高句丽的征讨大业，但如今却搞得民怨沸腾，天怒人怨。在他一厢情愿的背后，山东百姓已经揭竿而起了。很多年后，魏征回忆当时沸反盈天的情形时称：

“群盗蜂起，不可胜数，徒众多者至万余人，攻陷城邑。”[1]

杨广对这些叛民怀恨不已，一边部署征讨高句丽事宜，一面敕令都尉、鹰扬配合各地郡县长官追捕盗匪，并授权他们一旦抓获盗匪，可以就地处决。于是，最初分散各地、互无联络的各路变民，为眼前的形势所迫，开始相互投靠，并肩作战，以壮大声势。当然，也不乏相互吞并的现象。窦建德在全家被杀后走投无路，带领二百余人投奔到高士达麾下，孙安祖则与张金称发生矛盾，被其所杀。当然，还有一部分在被官军击溃后就销声匿迹了。

百万大军渡辽河

杨广自即位以来，在处理国政上极少有犹疑或矛盾心态，但在远征高句丽一事上显然例外。最初，他动员了空前规模的人、财、物力资源，显得底气十足、志在必得。但到大业八年（612 年）出军前夕，他似乎又对战事胜负抱有一丝疑虑。虞质是朝中少数敢于直言的大臣之一，杨广把他招到临渝宫，专门咨询远征事宜：

“高（句）丽之众不能当我一郡，今朕以此众伐之，卿以为克不？”

“伐之可克。然臣窃有愚见，不愿陛下亲行。”虞质回答说。

“朕今总兵至此，岂可未见贼而先自退邪？”杨广反问道。

“战而未克，惧损威灵。若车驾留此，命猛将劲卒，指授方略，倍道兼行，出其不意，克之必矣。事机在速，缓则无功。”

“汝既惮行，自可留此。”杨广显然生气了。

这次谈话暴露出朝廷对远征高句丽的严重分歧。杨广为了显示自己的威严，可能还出于当年类似隋文帝的担忧，怕军权旁落于大臣之手，所以执意要御驾亲征。虞质则不以为然，认为兵贵神速，才容易克敌制胜，皇帝亲征反而会贻误军机。两人均坚持己见，毫不退让，致使谈话不欢而散。

① 司马光:《资治通鉴》，第 181 卷。

在这个问题上，朝中大臣虽然多半支持杨广，但也不乏与虞质意见一致者。段文振时任左侯卫大将军，是杨广最为欣赏的大将之一，这次奉命参加征辽之役。但他在半途得了重病，没等到两军交战就一病不起了。弥留之际，他上疏规劝杨广道：

“我军不可迟疑，愿皇上严令各路人马，星夜奔驰，水陆俱进，出其不意，那么平壤这座孤城，就可攻下来了。”

杨广读罢奏疏，悲叹良久。段文振是朝廷不可多得的大将之才，杨广对他的去世深表惋惜，还因此厚赐了他的家人。尽管如此，对于段文振所提的进军方略，他却是只字未提。

“要知道，征讨高句丽的诏书早在大业七年（611 年）初就发布了，朝廷所有的备战举措也都是公开进行的，高句丽军民必定早已探得消息而加强了戒备。虞质和段文振表示应出其不意，虽然符合兵法理论，但在实际执行中不一定能达到预期效果。”也有人这么认为。

在虞质和段文振之外，朝中还有人从根本上反对征伐高句丽。右尚方署监事耿询上疏认为“辽东不可讨，师必无功”，结果惹怒了杨广，差点丢了性命；给事中许善心也因为反对杨广东征而被免了官。杨广在征伐高句丽一事上已下定了决心，当然不会被这些杂音所干扰。想要让他收回成命，绝非易事。

不久，全国的兵员已经在涿郡集结完毕，共有战士 113380 人，号称 200 万，分属于左、右各十二军，外加两倍于此的馈运（运粮）人员。接下来，杨广为派发这支规模空前的大军，举行了一系列隆重仪式：先在临朔宫之南祭天，又在桑干河之南祀地，后来考虑也有海军参战，还在蓟城之北祭祀了妈祖。等这些仪式举行完毕，各路大军就浩浩荡荡相继开拔了。

这次大军出征，杨广身边的随驾人员，除了朝中的文武百官之外，还有许多外邦君主或使节，曷萨那可汗阿史那达漫和高昌王鞠伯雅就在其中。他们毕生第一次见识如此浩大的军容和阵势：

二十四支大军均直辖于杨广本人，每军设大将、亚将各一人，骑兵

4000 人分成 40 队，步兵有 80 队。杨广每天派发一军，两军首尾相接，鼓角相闻。所有军队到第四十天才派发完毕，已经成为绵延 960 里的庞大阵势。皇帝的御营共有十二卫、三台、九省、九寺，分属六军，又连绵了 80 里。

最值得注意的是，杨广在新发布的诏书中一再强调：

“若高元泥首辕门，自归司寇，即宜解缚焚榇，弘之以恩。其余臣人归朝奉顺，咸加慰抚，各安生业，随才任用，无隔夷夏。营垒所次，务在整肃，刍荛有禁，秋毫勿犯，布以恩宥，喻以祸福。”①

对于杨广以上举措，有的人认为不可理解，将其归结于他本人好大喜功，穷兵黩武。但也有人不以为然，认为他并不是真想以武力打垮高句丽，而是希望用威吓和安抚的方式，不战而屈人之兵，借以威震四方少数民族，达到杀鸡儆猴的目的。

对此，黄仁宇曾言道：

“其实当日之攻城战，野战军数量过大，无法摆布。除非以此数量先声夺人，使对方丧失斗志，才有效用。否则展开兵力过多，已先在自己阵容里产生统御经理的困难，成为日后战场上的弱点。”②

如果真如上述第二种观点所说，这或许才是杨广在用兵战略上与虞质、段文振的真正分歧之所在。既然要在声势上吓倒对手，那当然不应该急速进军，出其不意。

按照杨广战前的预想，高句丽人口总共只有几百万，兵力可能不足三十万，朝廷将百万兵力集于一隅，大军所到之处，敌军必定望风披靡，不战即溃；敌国百姓则应箪食壶浆，以迎王师；战争最后将以高句丽王拱手纳降、王师凯旋而结束。

但实际上，后来战事的发展严重脱离了他的预期。自涿郡通往平壤，途中有三道屏障，朝廷百万大军在第一道屏障辽河东岸就遇到了顽强抵抗，而渡过辽河之后，他们还要跨越辽东城和鸭绿江。

① 司马光：《资治通鉴》，第 181 卷。

② 黄仁宇：《赫逊河畔谈中国历史》，第 17 章《隋文帝》。

战事陷入僵局

辽东城位于辽河东岸，与隋朝的涿郡隔河相望，这里是高句丽在辽东半岛的第一重镇，也是隋军进攻平壤的必经之路。对高句丽而言，辽东城的战略地位之重要，可能仅次于国都平壤。自大业八年（612 年）四月起，它开始遭到百万隋军的重重围困。

不久前，隋朝诸路大军抵达辽河西岸，因为高句丽兵已在东岸严阵以待，他们迟迟不能渡河，杨广见状，立马令工部尚书宇文恺发挥特长，紧急赶制了三道浮桥。当浮桥造好并铺设完毕，以江南人麦铁杖为首的隋朝勇士们，便决心以大无畏的牺牲精神和血洒疆场的实际行动，支持皇帝的讨逆大业。

“丈夫性命自有所在，岂能然艾灸頞，瓜蒂歕鼻，治黄不差，而卧死儿女手中乎！”①

麦铁杖凭着这番豪言壮语，使自己所部成了隋军的前部先锋。尽管浮桥从西岸架起后，因为长度不够，没能成功接到对岸，但麦铁杖所部浑然不顾，就站在桥头与敌军对战。虎贲郎将钱士雄、孟叉等人和他一起，凭着一股骁勇之气，一马当先跃上对岸，与敌人展开了惨烈的近身肉搏战。因为后续部队无法登岸接济，他们尽管勇猛善战，终究还是因寡不敌众而壮烈牺牲了。

“吾荷国恩，今为死日！”这是麦铁杖对三个儿子留下的遗言。

在辽河西岸，杨广亲眼看着将士们血染疆场，视死如归，心中无限感动，自己也流下了伤心的眼泪。于是，将士们顿时群情激奋起来。等浮桥被撤回后又重新加长，各路大军终于登上对岸，得以与敌军短兵相接。在接下来的战役中，他们表现卓著，令敌军付出了死亡一万余人的代价，并乘胜包围了辽东城。

这时，阿史那达漫和鞠伯雅也随驾渡河观战。杨广见初战奏捷，心情大好。他在那里宣布了一次大赦，还命大臣们安抚好当地百姓，承诺给他们免除十年租税。

---

① 司马光:《资治通鉴》，第 181 卷。

辽东城被围之后，隋军乘着辽河大捷的余威，声势高涨，志在必得。城中的高句丽守军有几次试图突围，都被打回来了。但因为隋军的作战部署早已公开，他们得以提前加固了城防，并采取了相应的防御措施。所以，接下来连续两个月，尽管双方实力悬殊，高句丽守军仍然顽强抵抗住了城外百万大军的围攻。

不过，令高句丽军出乎意料的是，隋军围城后并未立马发动进攻，他们由此得到了一丝喘息之机。原来，杨广此前下达过这样的指令：

“今者吊民伐罪，非为功名。凡军事进止，皆须奏闻待报，毋得专擅。”①

这也就意味着，隋军在包围辽东城之后，不能立马就展开进攻，必须先得奏请皇帝指示。众将之中，或许会有人认为此令不妥，可能贻误战机，但他们无不熟知杨广的脾性，说一不二，绝不会收回成命。所以对于是否攻城，他们也就不敢专擅，而必须先去后方请示圣意。

杨广当时已经注意到，早先预想的高句丽兵不战而降的情景没有出现。因此，当前线将士来请示是否攻城时，他很果决地同意了。但同时，他还附加了一句：

“高句丽若降，即宜抚纳，不得纵兵。”②

因为这道奇特的指令，辽东城接下来就出现了这么一幅奇特的图景：每当城池即将陷落，里面的守军就高喊投降，紧接着城外的隋军就停止了进攻，急忙去请示皇帝裁度，而在这期间，高句丽兵已趁机修复好城防，又严阵以待了，接下来，城外众将士受降不成，又开始新一轮的攻城。

对于这样一个死循环，隋军众将士竟无一人敢于打破，也没有人敢向杨广指出其中的问题所在，而杨广本人也始终未看出蹊跷。这反而使高句丽军趁机取得了主动权，很巧妙地从杨广的诏令中赢得了时间，抵御住了外围隋军的强大攻势。

“夷狄多诈，深须防拟，口陈降款，毋宜遽受。”

① ② 司马光:《资治通鉴》，第181卷。

这是段文振的遗言。他早就看清了杨广想威吓和招抚高句丽的意图，但认为他们定然不会轻易屈服，所以善意提醒杨广要提高警惕。尽管段文振的语气委婉而温和，但杨广一向自视甚高，惯于师心自用，对这先见之明根本不会放在心上。

在接下来的两个月中，原本轻而易举的攻城战就这样陷入了僵局。眼看辽东城久攻不下，杨广心急如焚，但自己又无计可施。在六月雨季来临之前，他终于按捺不住焦急的心情，亲自来到辽东城外视察军情。等众将集结到位，他开始向他们训话道：

“公等自以官高，又恃家世，欲以暗懦待我邪！在都之日，公等皆不愿我来，恐见病败耳。我今来此，正欲观公等所为，斩公辈耳！公今畏死，莫肯尽力，谓我不能杀公邪！”

杨广将攻城不力归咎于众将贪生怕死，不肯用心尽力，而丝毫没有从自己身上找原因。不找到妨碍顺利攻城的症结所在，即便对众将士们施以威胁，也终究无济于事。而众将为了自保，避免触怒皇帝，即便对问题的真正所在心知肚明，又怎敢明言是出在杨广身上呢？

六月雨季眼看就要来临，杨广的心情愈加焦急起来。他或许还记得段文振的遗言：

“水潦方降，不可淹迟。唯愿严勒诸军，星驰速发，水陆俱前，出其不意，则平壤孤城，势可拔也。若倾其本根，馀城自克；如不时定，脱遇秋霖，深为艰阻，兵粮既竭，强敌在前，靺鞨出后，迟疑不决，非上策也。”①

要使高句丽屈服，就必须在雨季来临之前攻克平壤，覆其根本。陈寅恪注意到，这段时间从每年三月持续到五月，前后只有三个月左右，马上就要结束了。但看眼下形势，隋军纵有百万之众，但只被一座辽东城就绊了两个月，还迟迟不能攻克。再不当机立断，调整战略部署，整个征服高句丽的计划都可能全泡汤了。

① 司马光：《资治通鉴》，第181卷。

孤军深入

大业八年（612 年）六月，雨季来临之前，宇文述部和其他八支部队在鸭绿江西岸顺利会师了。

按照杨广的指令，他们接下来应该渡江南下，向平壤挺近。届时，由来护儿统帅的一支水军会在那里接应。包括宇文述在内一共九位将军，自然没人敢持异议。但至于胜败如何，就看与敌军在平壤的恶战了。

但令人意料不到的是，就在他们准备整军出发，跨江南下时，军营里突然来了一位不速之客。

“我叫乙支文德，是奉我们国王之命前来投降的。”

当得知眼前之人就是高句丽的宰相，而且此行是代表国王高元前来投降时，几位将军惊诧不已，几乎不知所措。按照此前杨广的指示，他们本该去进攻平壤的，不料对方现在竟来主动投降，该如何是好呢？

不久前，杨广认识到辽东局势远比预想的更为复杂。为了避免将战事拖延至雨季，他主动调整了作战部署，从诸路大军之中抽调出九支人马，共三十万兵力，令他们绕过辽东城，分头东进，先在鸭绿江会师，然后直攻平壤。其余人马仍由他本人统帅，继续围攻辽东城。

被抽调的这九位统帅，包括宇文述、薛世雄、于仲文、卫文昇等，均是久经沙场的战将，无疑被寄予了厚望。他们知道此行事关重大，能否顺利攻克平壤，甚至关系到整个战役的胜败。

三十万人马近乎隋朝参战兵力的四分之一，实力自然不容小觑。但问题在于，辽东距离平壤路途险远，高句丽又实行坚壁清野的抵抗策略，远程行军作战谈何容易？宇文述混迹军旅多年，临阵经验丰富，出发前已意识到一个很严重的问题：他们的部队在途中将得不到任何粮草补给。更糟糕的是，这个问题杨广是不会关注的，只能由他们自行解决。

“每人带足一百天的粮食！”

这就是宇文述经苦苦思索后想到的应对之策。但这道军令给他麾下的士兵带来多少负担，就只有他们自己有切身体会了。实际上，除了粮

食之外，士兵们还得自行携带衣资、戎具等物资，根本就不堪重负。但他们又不敢向主帅提出异议，否则会有怠慢军心之嫌疑，可能当场就被军法处置。所以，宇文述此令一下，大家尽管心中有怨言，但个个都噤若寒蝉，没一个人胆敢声张。

但这种刻意的掩饰根本无助于问题的解决。当行军至中途时，有的人因为负担过重，实在无力前行，干脆把粮食给扔掉了。宇文述深知此举可能造成的恶果，士兵们如果弃粮前进，轻装简从，虽然一时便于行军，但深入敌境后一旦粮草不济，将有全军覆没的危险。

“遗弃米粟者斩！”

宇文述于是又下了一道死命令。可怜的士兵们不敢再遗弃粮草了。但为了减轻负担，又不至于被主帅发现后问罪，他们被逼无奈，只好在白天正常行军，而在夜间就寝时将粮草悄悄挖坑掩埋。这样，问题就再次被暂时掩盖起来了。只是不久之后，当他们行军至鸭绿江畔时，有些人已经面带饥色。乙支文德前来投降时，就明显察觉到了这一点。

当然，乙支文德投降的口号只是一个幌子，他的真正意图是借此窥探敌方虚实。杨广那道优待降者的指令给他留下了可钻的空子，使他可以见缝插针，巧加利用。

几位将军对乙支文德的动机表示怀疑，但又苦于没有真凭实据，都不知该如何是好。而且他们之间不相统属，谁也不敢自作主张，擅自行动，因为杨广对胆敢违反其诏令的行为深恶痛绝，一经发现必然严惩。因此，对于如何处理前来投降的乙支文德，几人得先达成一致意见，然后才能采取行动。对此，于仲文将军尤为苦恼。因为不久前，杨广曾单独给他下过一道密旨：

“若遇高元及文德来者，必擒之。”

这封密旨的内容，与杨广之前公开下达的指令明显抵触，而且它只被口头传达给了于仲文一人，其余将领均不知晓。这样，于仲文就进退两难了。杨广的密旨是否应该被公开呢？即便公开，又如何让众将信服呢？此地远离辽东城，再去请示皇帝明显已来不及了。

在于仲文理出头绪来之前，已经有一位招抚使明确表态，反对逮捕乙支文德。但其余将领都怕担责任，迟迟不敢表态。最后，于仲文的态度令人吃惊。在那位招抚使一再坚持之下，他先是表示屈服，释放了乙支文德，但转眼就后悔了。当乙支文德跨出军门后，他又赶紧派人前去传话：

“我们将军还有话说，请你再回来！”

但乙支文德连头都没回，便急匆匆跨江而去了。刚从虎口脱险，又岂能轻易重返虎穴？更何况，他此行的目的已经达到了。

陆军的溃败

宇文述等人渡过萨水之后，挑了一个可以借靠山势的地方，扎下了营寨。前方三十里外，平壤城已经依稀可见了。这次进军之顺利超乎想象，和之前围攻辽东城简直是天壤之别。

尽管如此，宇文述认为自己的部队并未稳操胜券，实际恰恰相反，陷入了空前尴尬的境地。平壤城作为高句丽国的首善之区，其险峻坚固比辽东城有过之而无不及，而且必定是全国重兵之所在。隋军除非经过一番恶战，否则想攻克它几乎毫无可能。但此时，宇文述的部队早就因缺粮而疲惫不堪，根本毫无战斗力可言。

宇文述等人好不容易进军至此，眼下却发现根本无力进攻。但若就此撤退，在敌军的四面劫击之下，他们能否顺利撤出还大成问题。即便能顺利撤出，也等于是不战自败，遭敌方嘲笑不说，也必定会被皇帝问罪。如此一来，他们实际陷入了进退维谷的两难境地。

九位将军行军用兵多年，还从未遇到如此棘手的局面。尤其是宇文述，平时处事精明干练，坚决果断，这时竟方寸大乱，完全没了主意。而前不久，他还与于仲文就是否进军爆发了一场严重冲突。于仲文因私自做主放走了乙支文德，内心不安，这次竭力主张进军：

“我们派兵抓捕乙支文德，就可以立功了。”

但宇文述却更关注军队的粮草补给问题，认为再这样下去，部队迟早会崩溃，所以坚决反对于仲文的意见。两人久久僵持不下，其他几人则未明确表态。

“将军仗着十万之众，不能打败小贼，有何面目去面见圣上呢？”于仲文发怒道。停顿了片刻，他又继续说到，“况且这次出征，我本来就预料不会有功。”

“为什么呢？”众人均表示不解。

“古之良将能成功者，军中之事，决在一人。今人各有心，何以胜敌！”

于仲文此话一出，众将立马明白了他的弦外之音。他在抱怨自己不能做主，众将不听从其号令。既然如此，大家也就不好再提异议了，因为杨广早就有言在先：

“于将军深有计谋，各军要向他咨询、汇报，并听从其调动指挥。”

宇文述尽管之前百般反对进军，但现在迫于无奈，也只能遵从于仲文的指令。于是，大家各领所部去追击乙支文德。奇怪的是，乙支文德的军队竟毫无抵抗之力，几乎每次对战都一触即溃，与辽东守军简直有天壤之别。宇文述率领这么一支疲惫之师，连饭都吃不饱，一天之内竟打了七场胜仗，令他诧异不已。

一连串的胜仗和于仲文的压力，成为众将大胆进军追敌的动力，促使他们甩开心理包袱，一直追过了萨水。直至此时，宇文述才又有了畏难情绪。继续进军攻城的话，胜算太小；就此撤退的话，一来在敌军面前有失颜面，二来也不好向皇帝交代。

他们此时处境的确堪忧。更令人纳闷的是，来护儿的水军也迟迟未露面，这无疑更增添了进军攻城的难度和风险。就在他们犹豫不决时，乙支文德再次派使前来，传达了这么一番话：

“假如贵方退兵，我们国王一定会去朝拜大隋皇帝。”

这对宇文述等人而言无疑是雪中送炭。如果对方这次是真投降，说明他们必定是害怕了隋朝的大军，也意味着宇文述等人此行的目的已经达到。这既避免了他们继续进军受挫的风险，又使其对杨广能有所交代，正是一举两得。有此台阶可下，他们恰好可以借此退兵。

当然，宇文述没有意识到，自己正一步步陷入乙支文德的陷阱。其实，对方的真实意图是让他们此次进军半途而废，并瓦解其士气。果然，宇文述等人一宣布撤军，隋军将士们立马就全无斗志了。而这时，乙支文德的使者却又追了上来，这次带给他们一首诗：

神策究天文，妙算穷地理。
战胜功既高，知足愿云止。

宇文述等人当然看得出，这诗里满是讽刺和羞辱之意，乙支文德是在嘲笑他们作战水平之低。但当时的处境如此尴尬，他们设法安全撤军才是当务之急，哪里还顾得上对方的言语羞辱？

对隋军祸不单行的是，他们好不容易撤到萨水，等全体人马渡河渡到一半时，高句丽兵竟紧跟其后发起了总攻。

海军战况

大业初年，当来护儿由瀛洲刺史被皇帝征召入朝时，杨广对他表示由衷的赞赏：

“昔国步未康，卿为名将，今天下无事，又为良二千石，可谓兼美矣。”①

与多数朝中权贵不同，来护儿是以布衣之身起家的，曾在无数次大小战役中立下赫赫战功，而后又在瀛洲因为政绩显著，屡次受到朝廷嘉奖和百姓赞誉。杨广让他入朝辅政，正是看中了他卓越的文武才略。

入朝之后，来护儿继续受到皇帝的青睐，短短几年间就升至右翊卫大将军，加封荣国公，恩礼之丰隆，令群臣侧目。他之所以如此受器重，可能与他独特的官风、将风也有关。对此，魏征都赞不绝口：

“重然诺，敦交契，廉于财利，不事产业。至于行军用兵，特多谋算……善抚士卒，部分严明，故咸得其死力。”②

① 魏征等：《隋书》，第 64 卷《来护儿传》。
② 魏征等：《隋书》，第 64 卷《来护儿传》。

在征讨高句丽之前，来护儿已经有十年不曾带兵出征。这次，杨广再次让他披甲上阵，以平壤道行军总管之职担任帝国海军统帅，负责在平壤接应陆军。于是，他便带领了数万人马，从山东半岛东莱港出发，跨海东进，登陆朝鲜半岛后，再沿涀水溯游而上，直至平壤西郊六十里处。

来护儿的海军十分迅速地迫近平壤，高句丽王闻讯大骇，立马下令将举国之兵聚到一处，在城外列阵数十里拒敌。来护儿麾下将士见敌军势大，多数心生怯意，士气因此受到影响。但来护儿本人浑不在意，自信满满地对副手周法尚和众军吏道：

"吾本谓其坚城清野以待王师，今来送死，当殄之而朝食。"

在接下来的激战中，来护儿果然以不减当年的神勇大破敌军，令其付出了惨重的代价。这次作战胜利之大，令他动念想打破与陆军会师后共同进军的计划，趁着己方大胜、敌方胆寒之际乘胜追击，一鼓作气，攻克平壤。但他的副手周法尚认为此举过于冒险，坚决反对海军独自行动。

"还是等各路军队到达后，一同进攻吧！"周法尚建议道。

尽管周法尚是出于慎重考虑，但来护儿将其视为胆怯之举而置之不理。接着，他从大军中亲自挑选出四万精锐，由儿子来整合。骁将费青奴担任先锋，奋起直追，一直追到了平壤城下。高句丽守军出城迎战，很快又被击退了，这使来护儿更加自信满满。紧接着，他又顺势攻破了平壤的外城。

这时的来护儿，显然已被接连不断的胜利冲昏了头脑。当时，因为平壤守军闭门固守，他竟很放心地就地扎下了营寨，然后开始纵兵掳掠，搞得连基本队形都保持不住了。他当然不知道，之前平壤城中的高句丽守军只是诈败，那只是他们为麻痹隋军而设的诱敌之计。就在他率军进攻平壤外城时，早有一支敌军由高句丽王高元的弟弟高建武率领，暗自埋伏在了城外的一座空寺之中。

这股小部队虽然只有五百人，但都是高建武专门招募的敢死之士，足可以一敌百。

高建武在空寺中见来护儿纵兵抢掠，已然放松警惕，知道有机可乘，于是从城外猛然冲杀进来。平壤城内的守军同时开门迎敌，与高建武部内外夹击。这下，来护儿的部队惊慌失措，毫无招架之力，就只能任人宰割了。不过，他为了免遭被全歼的厄运，还是奋力杀出一条血路，逃出了城外，然后带领残部狼狈逃窜。

平壤的高句丽军反败为胜后，继续扩大战果，对来护儿部紧追不舍。最后，来护儿几乎独自一人舍命逃到浿水岸边，才算捡回了一条命。周法尚部水师在那里严阵以待，吓退了来犯之敌。

等高句丽追兵退去，来护儿惊魂甫定，开始清点残兵，四万精锐只回来了几千人，个个如惊弓之鸟。有了这次惨痛教训，又加上四万精锐损失殆尽，他再也不敢独力进攻平壤了。他将剩余军队驻扎在海边，一边观望敌军的动向，一边派人去打探隋陆军的情况。不久，传来消息称：

杨广派出的九支陆军厄运连连，已全军覆没——先是途中缺粮，紧接着被高句丽兵连续七次诈败，诱敌深入平壤附近，然后再次受骗撤军，途中连续遭到敌军伏击。当他们试图渡过萨水时，高句丽军趁其半渡发动突然袭击，使隋军大肆溃乱，辛世雄将军当场阵亡。原先派出的九支部队，除卫文昇部得以保全之外，其余均遭灭顶之灾，数以万计的军械物资丧失殆尽。

来护儿现在认识到，隋朝陆军已败，水军也就孤掌难鸣，再难有什么大作为了。既然败局已定，颓势已无法挽回，他随即便下令撤军而去。当他在东莱港上岸时，杨广已经得到了水、陆两军皆败的消息，龙颜震怒，立马将宇文述等人拘禁起来。之后，杨广本人也预感到难以再有作为，终于下令撤军而去。

七个月的作战，牺牲帝国三十五万士兵和数以万计的军械物资，杨广最终只换来了辽水西面的一座小城。段文振、麦铁杖、辛世雄等将领若地下有知，恐怕也难以瞑目吧。

高句丽区区弹丸之地，隋朝出兵百万，何以铩羽而归？对此，陈寅恪解释道：

“中国东北冀辽之间其雨季在旧历六七月，而旧历八九月至二三月又为寒冻之时期。故以关中辽远距离之武力而欲制服高（句）丽攻取辽东之地，必在冻期已过雨季未临之短时间获得全胜而后可。否则，雨潦泥泞冰雪寒冻皆于军队士马之进攻糇粮之输运已甚感困难，苟遇一坚持久守劲敌，必致无功或覆败之祸。”①

大事记（四）

开皇九年（589 年）

高句丽王高汤在位，闻隋灭陈，大惧，治兵积谷，为拒守之策。

开皇十七年（597 年）

杨坚赐书高句丽，责其“虽称籓附，诚节未尽”。高汤得书惶恐，未及上表谢罪而病逝，其子高元即位。杨坚拜其为上开府仪同三司，袭爵辽东公，后封其为王。

开皇十八年（598 年）

高元率靺鞨兵马万余人寇辽西。杨坚大怒，以汉王杨谅为元帅，发兵三十万伐高句丽，因馈运不继、遭遇台风，损兵十之八九。高元遣使谢罪，上表称“辽东粪土臣元”。杨坚下诏罢兵。

大业三年（607）

8 月，杨广幸东突厥启民汗帐，遇高句丽使者。裴矩劝杨广趁机诏高句丽王入朝，否则“将帅启民往巡彼土”。高元大惧，籓礼颇阙。

① 陈寅恪：《唐代政治史述论稿》，下篇《外族盛衰之连环性及外患与内政之关系》。

大业四年（608 年）

1 月，杨广下诏在河北征发五百余万人修永济渠，南通黄河，北抵涿郡。丁男不供，始役妇人。

3 月，倭王多利思比孤遣使入贡，致书称：“日出处天子致书日没处天子无恙。”杨广不悦。

大业六年（610 年）

12 月，杨广下令修江南河，自京口至余杭，长八百余里，宽十余丈，可通龙舟。

大业七年（611 年）

2 月，杨广自江都出发，经永济渠北上涿郡，下诏征讨高句丽。

4 月，杨广下诏在全国征兵，集结于涿郡。各地兵员及馈运粮草、战具者填满于道，昼夜不绝。

7 月，山东、河南大水，漂没三十余郡。

12 月，王薄、窦建德、高士达等群盗蜂起。杨广诏令各地军官追捕，可就地处决。

大业八年（612 年）

1 月，各地兵员齐集涿郡，共 113380 人，号称 200 万人，馈运者翻倍。杨广下令出师，讨伐高句丽。

2–6 月，隋军强渡辽河，围攻辽东城，久而不克。杨广震怒，令宇文述等九军三十余万人，渡鸭绿江，直驱平壤。来护儿率水军直抵平壤城下，因轻敌而败。

7 月，宇文述等九军大败，仅 2700 人返回辽东城。来护儿闻陆军失利，率水军而返。

9 月，杨广从高句丽撤军，返回东都洛阳。

第五章　叛　乱

> “我身为上柱国，家累巨万金，至于富贵，无所求也。今不顾灭族者，但为天下解倒悬之急耳！”

卷土重来

隋军第一次远征高句丽的失败，给帝国抹上了挥之不去的阴影。朝廷由此暴露出自己的虚弱，杨广之前通过游突厥、巡西域、灭吐谷浑、离间西突厥等举措构建起来的朝贡体系，也正面临全面崩解的危险。

大业五年（609 年）启民可汗死后，新即位的始毕可汗已公然违抗隋朝皇帝的指令；西突厥处罗可汗于大业七年（611 年）兵败降隋后，新可汗射匮正逐渐恢复其在中亚的霸权地位，西域诸邦国见风使舵，重新归附其麾下。大业六年（610 年）之后，吐谷浑本已濒临亡国，但慕容伏允还保留着一点星星之火，后来又重新振作，慢慢恢复了对其本土故地的统治。

在隋朝内部，杨广乃至整个朝廷都威严扫地，其统治的合法性遭到普遍质疑。据一则官方报道称，就在朝廷第一次远征高句丽失败那年，由于百姓饥馑无食，官府又不敢擅自开仓放粮，民间首次出现了“人相食”现象，各地兴起的叛军也达到了 21 支之多，其中三分之二以上都集中于山东、河南一带，因为自大业七年（611 年）以来，那里既是备战的大后方，又是洪涝和干旱的重灾区，遭受的天灾人祸尤为严重。

但那时，杨广对朝廷面临的形势还缺乏清醒的认知。在他看来，眼前局势的恶化是由征讨高句丽失败而导致的，那么，补救的措施当然就是重新征讨高句丽，只要将其打垮，日渐恶化的局势就可以很快得到改观。

但有迹象表明，并非这单一因素驱使杨广萌发再次出师之念。实际上，早在大业八年（612 年）从辽东前线返程之时，杨广就已经下达指令，将黎阳、洛阳、太原等地的谷物运往望海顿，并派民部尚书樊子盖留守在涿郡，这分明就是在预备对高句丽的第二次征讨行动。由此看来，杨广对未能一次性打垮高句丽还心有不甘。

大业九年（613 年）开春，根据杨广的敕令，第二次征兵行动又在全国大张旗鼓地展开了。与此同时，杨广已经下令修缮了辽东古城，用于储备军粮，还组建了一支具有超高战斗力的新型骁果部队，随时整装待发。

当一切准备就绪之后，杨广又开始与众臣商讨出兵之事。面对重新集结的百万大军，尽管有了上次惨败的经历，他依然信心十足。

“高（句）丽小虏，胆敢侮慢我天朝上国，如今拔海移山都是可以的，何况这个小虏！”杨广当众宣言道。

但这次与上次一样，大臣们还是众说纷纭，莫衷一是，有不少人还持有异议。虞质认为皇帝亲征，靡费实多，持一贯的反对态度。左光禄大夫郭荣也持类似意见：

“国家疲弊，不宜屡动兵戈。况且，戎狄之国无礼，是该由大臣们处理的事情。”

对于这些谏言，杨广根本听不进去。他本来想说：“上次朕亲征都失败了，这次只派一将军去，倘若成功，朕的脸往哪搁！”但话到嘴边却成了：“朕亲征尚不能克，只遣人去，岂能成功也？”

虞质、郭荣二人的异议，没有影响到杨广的决策和行程。三月初，他的御驾又抵达了辽东。在他看来，上次的失败只是一次意外，并非因为谋划安排不当，所以这次军事部署与上次如出一辙：由杨广本人带军四十万围攻辽东城；宇文述统帅另一支陆军跨过鸭绿江，直趋平壤；来

护儿则带领水军负责接应。

杨广这次还让宇文述和来护儿统兵，可能一来是想让他们将功补过，二来则是因为他们上次曾深入平壤腹地，对那里的形势比较了解。

对第一次远征高句丽的失败，杨广其实经过了认真的反省。虽然表面上他从未认错，而是把责任推给了诸将，将劝导于仲文释放乙支文德的监军当场处死，于仲文和宇文述革职为民，来护儿和几个儿子判处死刑。但多数判决并未认真执行，于仲文入狱后忧愤成疾，立马就被释放了，不久死于家中。宇文述因儿子宇文士及娶了一位公主，很快官复原职，来护儿父子被判死刑本是杨广的气话，压根就没被执行。

“听诸将便宜从事！”这就是杨广对第一次远征失败的反思结果。

皇帝不再瞎指挥了，将领有权，再加上士卒精锐，这仗就容易打好了。

隋军此次出征，第一场战役是在新城附近进行的。面对在那里背城结阵的数万高句丽兵，王仁恭将军毫无惧色，仅凭着手中的一支千人偏师骑兵，经奋勇冲杀，力挫敌军，将他们逼近城中，再也不敢出战迎敌。消息传到辽东前线，杨广龙颜大悦，将士们也群情激奋，随即展开了对辽东城的第二轮围攻。

不立战功誓不还

大业九年（613 年）春，江南人沈光得知朝廷在招募骁果，高兴极了，立马就去报了名。当他应募成功，即将奔赴辽东前线时，有一百多名好友前来送别，令他百感交集，激动不已。

“是行也，若不能建立功名，当死于高（句）丽，不复与诸君相见矣！”①

沈光一边说着，一边将壮行酒浇在地上，然后就带着这豪言壮语义无反顾上了战场。

---

① 魏征等:《隋书》，第 71 卷《沈光传》。

在第一次远征中，按照杨广的指示，全军将士但凡有所举动，必先得向他汇报请示，得到批准方可行动。所以，除麦铁杖等少数军官之外，多数将士被束缚了手脚，因为害怕承担责任，一直在犹疑观望，也就没有斗志和积极性可言。当然，这可能还有一个原因，即参战的一百多万军队多数是来自山东的府兵，因为承担的徭役过重而来，根本就不想参战。

这次，为了提升士气，鼓舞斗志，杨广在经过认真反思后，采取了两项新举措：一是给众将士放权，让他们在战场上随机应变，充分发挥自主性；二是在府兵之外，大量招募骁果参战。

骁果，即骁勇果敢之士。他们是政府从各地自愿从军的人当中招募来的，待遇优厚，所有军需物资都由政府提供，当然斗志昂扬；而府兵参军多是迫于朝廷的压力，而且得自备军需物资，不但积极性不高，甚至带有抵触情绪。两相比较，骁果的优势是显而易见的。杨广这次招募骁果，也可能是因为上次征讨高句丽时，府兵大量逃亡，已凑不齐预定人数，所以通过招募方式来填补。

无论如何，这次招募骁果对于提升斗志、增强战斗力而言，效果是十分显著的。骁果中不乏能人异士，更有奋勇杀敌而获取功名的。沈光就是其中的佼佼者。

沈光是怀揣着建功立业的理想去参军的。虽然他还年轻，但这样的机会已经不多了。因为他父亲沈君道曾效力于前太子杨勇和汉王杨谅，但两人后来均败给了杨广。沈君道的这段特殊经历，几乎在政治上给儿子判了死刑。

沈光在仕途被堵死后，仍一直混迹于京师，然而并未灰心丧志。凭着豁达仗义的为人和矫健的身手，他在那里结交了一大批浪荡子弟。有了这些朋友慷慨解囊，他即使在平日里无所事事，依然能无忧无虑地潇洒度日。更何况，他之前还习得了一项戏马绝技，号称“天下第一”。

当年，沈光在禅定寺前有过一次惊人表演。那时，寺前新立了一根幡竿，有十余丈之高。当他路过该寺时，恰巧竿头的一根绳子断落，无法重新系上，这可愁坏了寺里的和尚。沈光见状，便让和尚找来绳子，

自己用嘴咬住，徒手爬到竿顶，将绳子重新系上了竿头，然后腾空跳落，到达地面后以双手撑住，倒退数步，竟然毫发无损。旁观者无不瞠目结舌，啧啧称奇。从那以后，他得了一个新称号——“肉飞仙”。

尽管在京师衣食无忧，沈光依然希望有朝一日能建功立业，实现自己的抱负。他为此苦等十余年，好不容易碰上了这次机会。朝廷这次招募骁果，只问武艺，不问出身，恰好给他提供了一块用武之地。好在他也如愿以偿应募成功了。

到了辽东前线之后，沈光作为众骁果中的普通一员，参加了朝廷四十万大军对辽东城的围攻。那时，双方战事进行得异常惨烈。杨广对战局十分关注，不时派斥候前去哨探，后来按捺不住焦急的心情，亲自到城外督战。城内的高句丽守军只有三万人，但抵抗异常顽强。朝廷将士使出浑身解数，用飞楼、橦、云梯、地道等四面进攻，昼夜不息，仍没能攻破城池。

在此期间，由于各种攻城手段均未能奏效，攻城将士们后来想到了用冲梯攻城之法。他们将十五丈高的冲梯竖立起来，一端接地，斜靠到城墙上。这时，沈光有了用武之地。他顺着梯竿一直爬到顶端，与城上的敌军短兵相接，展开了近身肉搏，没多久就杀了十几个人。双方将士从未见过如此情景，不禁看得目瞪口呆，叹为观止。

虽然隋军旗开得胜，但毕竟沈光孤军奋战，四十万大军中拥有这项绝技的只有他一人，当他顺着梯竿爬上城头时，后面的人无以为继，也就无法扩大战果。不久，他在城头独木难支，还是被对方打落了下去。

杨广当时也在城外观战，看到沈光从几十米高的城墙上跌落下来，料想必定粉身碎骨。但谁也没想到，在即将落地的瞬间，他竟一把抓住冲梯上垂下的绳子，不仅没摔着，反而像猴子一般顺绳子爬了上去，又顺势斩杀几名高句丽守兵。之后，他敏捷地滑下冲梯，依然毫发无损。在场的将士无不为之动容，随之军心大振。

当天战斗结束后，杨广有感于沈光的奋勇，随后提拔他为五品朝散大夫，并赐宝刀良马。这对作为普通骁果的沈光而言，可谓莫大殊荣。后来，他又进一步被提拔为御前侍卫，皇帝对他解衣推食，恩宠莫比。

尽管将士们如此英勇，辽东城的攻坚战仍不如预想中顺利。攻城战斗持续了二十多天，双方都有大批将士阵亡，战事由此陷入了胶着状态。尽管如此，杨广依然信心满怀，认为这次攻城志在必得。在此期间，他还创作了一首《白马篇》，来赞咏将士们的战斗激情：

“白马金贝装，横行辽水傍。问是谁家子，宿卫羽林郎。文犀六属铠，宝剑七星光……尘飞战鼓急，风交征旆扬。转斗平华地，追奔扫大方。本持身许国，况复武功彰。曾令千载后，流誉满旗常。”

接下来，或许是受到了沈光的启发，杨广意识到，隋军由地面攻入城内是不可行的，他们只有达到或超越城墙的高度，才较有可能攻入城中。于是，他立马下令军中赶制一万个布袋，每个袋子里要装满土，从城墙脚下往上堆，堆积成一道宽三十步、与辽东城墙齐高的斜坡。斜坡堆好后，因为状似鱼梁，被称为“鱼梁大道”。有了它，将士们便可站在上面与敌军直接对垒了。

“杨广还令士兵们建造了八轮楼车，比辽东城墙还高，士兵们站在车上可以俯射城内敌军。”

当这两项工程很快竣工后，隋军将士士气高涨，立马展开了对辽东城的总攻。而此时，宇文述和杨义臣的部队再次抵达鸭绿江边，正准备渡江作战；来护儿的海军也已齐集东莱海口，蓄势待发。眼前形势一片大好，杨广内心之欢悦无以言表。

辽东城内局势日益危急，守军眼看就要顶不住了。但就在这时，杨广突然收到了一封来自黎阳的信件：礼部尚书杨玄感举兵造反了。

杨玄感的野心

大业九年（613 年）夏天，黎阳附近有这么一条消息传得沸沸扬扬：

“来护儿出兵误期，怕被降罪，举兵反叛啦！”

消息是从东部传来的，在黎阳四散传开后，附近各郡县开始陆续收到讨伐叛军的征兵文书。但令人诧异的是，文书上的官印采用的都是隋

文帝时期的旧样式。

但对于来护儿反叛一事，连他自己都不知情。他当时正集兵于东莱海口，准备再次渡海进攻平壤。关于他谋反的假消息，其实是杨玄感指使家奴刻意散布的。为了迷惑众人，他还特意制造了家奴从东部赶来的假象。

杨玄感是杨素之子，在朝中身居礼部尚书的要职，但对朝廷心怀不满已久。根据传言，他反叛朝廷跟其父杨素的死有关。杨素生前位极人臣，但却居功自傲，甚至对杨广有冒犯之举，因此而受到猜忌。如果不是他在大业二年（606 年）去世，极有可能发生更大的悲剧。

“使素不死，终当夷族。”[1] 杨广说得很干脆。

这话后来传到了杨玄感耳中，搞得他整日惶恐不安，虽然官居要职，但生怕有一天会因皇帝猜忌而丧命。

当然，还有人观察了问题的另一面，认为杨玄感并不是要推翻隋朝，由自己当皇帝，开创新的王朝，而只是想为天下铲除“暴君”。新君人选他早就物色好了，是杨广的一个侄子秦王杨浩。

还有人注意到，杨玄感据以反叛的资本之雄厚，令人咋舌。首先，他本人体貌雄伟，抱负不凡，自幼喜欢读书和骑射，在地方为官时就经常招揽四海名士。其次，他的先祖在朝中累世为官，家族根基雄厚，尤其是其父杨素官至宰相，权势显赫，门生故吏遍布朝堂。

“他拥有的这些优越条件，别人都望尘莫及。由此看来，杨玄感的反叛之举也并非异想天开。”

还有迹象表明，杨玄感反叛并非临时起意，而是蓄谋已久的结果。早在几年前，他就在不同场合试图谋杀杨广，最重要的一次是在他随杨广西巡返程之时。当时途经大斗拔谷，因为那里的地形崎岖险峻，通行不便，杨广和大臣们通行时大费周折，倦怠不堪。杨玄感见状，便想趁卫士们防卫松懈下手，袭击皇帝的御驾。但还没等下手，他便被同行的叔叔杨慎阻止了。

---

① 司马光:《资治通鉴》，第 182 卷。

"士心尚一，国未有衅，不可图也。"① 杨慎私下对他说。

无奈之下，杨玄感就只能作罢了。不过，这次行刺不成倒给了他一个教训：他所招揽的人多是文士，要对付皇帝，还得有军人参与才行。接下来，他一面苦等下一次机会，一面竭力讨好杨广，伺机插手军界。第一次征讨高句丽期间，他就曾通过段文振向杨广表达自己的从军意愿：

"我家世代蒙受国恩，请允许我带军出征。"

"将门必出将，相门必出相，果然不假。"杨广很高兴地说。

尽管如此，杨广只是赏赐给他了财物千段，并没有批准其带军出征的请求。他可能是出于戒备之心，或者认为杨玄感年纪尚轻，缺乏行军作战的经验。

在涉足军界受挫之后，杨玄感仍然保持着相当的耐心。杨广不仅没对他起疑，相反还将他提拔成了礼部尚书，更加突出了其在朝中的地位。到大业九年（613 年）第二次征讨高句丽时，他进一步被安排在黎阳，负责督运粮草军资。

当时，洛阳连通涿郡的永济渠已经竣工启用，隋军远征所需的粮饷军械等物，都得经由该渠，先由洛阳运到涿郡中转，然后再经陆路运抵辽东前线。黎阳仓正位于该水路的前半段。

对杨玄感而言，这自然是一次千载难逢的机会。他认识到，自己掌控了前线百万大军的军资，无疑也就卡住了他们的咽喉。于是，他开始利用职务之便，暗地里设法迟滞漕运，好让前线的将士缺粮。按照他的设想，一旦前线粮尽军疲，隋军便会兵败如山倒，到时不用杨玄感反叛，杨广也无法维持统治了。

不久，辽东的战况果然受到了影响，杨广因为前线粮草不继，开始接二连三派遣使者前来责问催促。这些情况早在杨玄感的预料之中，所以他很淡定，每次回复也都如出一辙：

"水路附近盗匪繁多，阻碍军资及时馈运。"

① 魏征等:《隋书》，第 70 卷《杨玄感传》。

杨广的使者就这样被轻松地打发回去了。而背地里，杨玄感却紧急谋划造反之事。为了克服无兵可用的难题，他想到了诈称来护儿谋反。等这消息散布开来，他便强行闯入黎阳城，关闭城门，在城中大搜男夫，同时以讨伐叛军为由，向附近郡县公开招募兵员。

鉴于杨广两次远征搞得民怨沸腾，大失民心，杨玄感在文书上特意采用了隋文帝时期的旧样式，以勾起他们对那时国泰民安的美好回忆，通过这种反差对比，以加剧他们对杨广的仇视。

杨玄感尽管煞费苦心，其举措却收效甚微，黎阳周边的郡县根本无人应募。最后迫于无奈，他只好打起了船夫和运夫的主意。经过一番精挑细选，他组编了一支由五千名运夫和三千名船夫组成的军队，然后杀三牲誓师：

“主上无道，不以百姓为念，天下骚扰，死辽东者以万计。今与君等起兵，以救兆民之弊，何如？”①

台下立马群情激奋起来，均口称“万岁”相应。杨玄感就以这样一支部队，掀起了反对朝廷的战争。他将自己打扮成为民请命、反抗暴君的斗士，对生活在水深火热中的普通大众，具有极强鼓动性。不少人受其蛊惑，都踊跃参军。

但同时，对他嗤之以鼻的也大有人在。此前，治书侍御史游元也在黎阳督运，杨玄感起事后，竭力劝他入伙。但游元宁死不愿，坚定地认为杨玄感家数代蒙受国恩，如今反叛朝廷，实为大逆不道。杨玄感几次威胁无效，只好将其处死。还有他任命的一名刺史唐祎，最初只是假意附和叛军，后来瞅准时机，暗中溜出黎阳，悄悄向朝廷通风报信去了。

洛阳攻坚战

杨玄感有一位刎颈之交李密，平时待在西京长安，对杨玄感举兵反叛之事一无所知。杨玄感专程派家僮前来，向他透露了消息，称急需他

① 司马光：《资治通鉴》，第 182 卷。

的帮助。李密闻讯，便会同杨玄感的弟弟杨玄挺，快马加鞭，一同前往黎阳汇合。

李密与杨玄感是通过杨素结识的。他也出身豪门权贵之家，其父李宽军功显赫，官至上柱国，爵封蒲山公，后来死于开皇晚期。李密本人志气雄远，才兼文武，但在官场上，比起如鱼得水的杨玄感却大为逊色。杨广即位之初，他只是一名不起眼的御前侍卫，被轻蔑地称为“黑脸小儿”，而且给杨广留下的印象极为不佳。

“此儿顾盼不常，勿令宿卫。”

这项指令是杨广对宇文述吩咐的。然后，宇文述就按其旨意行事，私下里找到了李密。

“你出身名门，天资又好，应该凭才学致仕！宫廷侍卫是个琐碎差事，可不是培养贤才的地方！”宇文述说。

李密闻言异常欣喜，因为他早已厌倦了这份差事，只是一直无缘解脱。这次得到宇文述的指导，他才得以以生病为由辞职。从那之后，他就在家闭门谢客，发奋苦读，在外间一时销声匿迹了。

对于李密的矢志勤学，连当时的宰相杨素都赞赏有加。有一次，李密骑着黄牛去拜访老师包恺，在牛角上挂了一册书卷，一边走一边看。杨素恰于此时骑马路过，见状便放缓了马辔，与他攀谈起来，得知他读的是《汉书 · 项羽传》。尽管两人此前素不相识，且地位悬殊，但杨素对李密十分器重，索性将他请到家中继续畅谈，并叫来几个儿子与他结识，其中当然也包括杨玄感。

“李密的识度，你们可比不上啊！”杨素高兴地对儿子们说。

从此，杨玄感与李密便成了刎颈之交，时常在一起商讨天下大事。至于两人之优劣，诚如李密有一次对杨玄感所说的：

“决两阵之胜，噫呜咄嗟，足以詟敌，我不如公。揽天下英雄驭之，使远近归属，公不如我。”[①]

杨玄感为人自负，但对李密的才学欣赏有加。当他在黎阳举兵时，

① 魏征等：《隋书》，第70卷。

因为李密身在西京长安，于是他派家僮前去相请，到黎阳共商大计。当李密风尘仆仆赶到时，杨玄感欣喜异常，随之便开门见山，问他有何良策。

“天子出征，远在辽外，去幽州犹隔千里。南有巨海，北有强胡，中间一道，理极艰危。公拥兵出其不意，长驱入蓟，据临渝之险，扼其咽喉。归路既绝，高（句）丽闻之，必蹑其后。不过旬月，资粮皆尽，其众不降则溃，可不战而擒，此上计也。”李密胸有成竹地说道。

“更言其次。”对于李密的上策，杨玄感似乎不太认可。

“关中四塞，天府之国，虽有卫文升，不足为意。今率众鼓行而西，经城勿攻，直取长安。收其豪杰，抚其士民，据险而守之。天子虽还，失其根本，可徐图也。”

“更言其次。”

“简精锐，昼夜倍道，袭取东都，以号令四方。但恐唐祎告之，先已固守。若引兵攻之，百日不克，天下之兵四面而至，非仆所知也。”

李密一连说了上、中、下三条计策。但在杨玄感看来，他的上策和中策并不可取，而其下策才是上策。对此，他还列出了两条理由：

“今百官家口并在东都，若先取之，足以动其心。且经城不拔，何以示威！”

最终，杨玄感采纳了李密的下策，决定先攻取洛阳，然后就兵分两路，由弟弟杨积善和杨玄挺各率一队，分道进发。杨积善率三千人沿洛水进兵，杨玄挺率部越邙山而进，杨玄感则率领三千人，紧随其后。

杨玄感临时拼凑起来的这支乌合之众，本来就兵微将寡，简陋不堪，都以单刀柳楯为武器，没有一点弓矢甲胄，现在又被一分为三，战斗力就更弱了。但尽管如此，两支前锋部队在途中与敌军遭遇，都奇迹般地获胜了。杨积善的对手是一支五千人马的部队，在对战之前就溃散了，铠甲战具恰好成了叛军的囊中物。杨玄挺则连续五次击败了一支有八千人马的部队。两支敌军只有十余人逃进了东都，其余都被杨玄感收编了。几天之后，他已兵临东都城下。

“我身为上柱国，家累巨万金，至于富贵，无所求也。今不顾灭族者，但为天下解倒悬之急耳！”杨玄感将部队驻扎在洛阳上春门外，然后对民众大喊。

百姓这几年承担赋役过重，内心恨透了皇帝杨广，这时看到杨玄感举兵反抗，都认为他才是民心所向。一时之间，给他送牛送酒的父老们争先恐后，络绎不绝，年轻子弟也抢着参加他的部队，每天有上千人之多。在这种情势之下，杨玄感的兵力增长一日千里，很快就发展到了五万人之多。

而这时，洛阳守将之间又发生内讧，进一步削弱了城中的防御力量。杨广素来对东都重视有加，在前往江都前夕，还专门派了一位老练精干的将军樊子盖，辅佐年仅八岁的孙子杨侗留守东都。但樊子盖之前在西北地方任职，被调到朝中任职不久，洛阳城内的高官子弟根本看不起他。这样一来，他的防务部署也就很难落实了。

杨玄感兵临洛阳城下之后，本想招降樊子盖，但后者不为所动。洛阳守将裴弘策首先率军出战，但根本不是对方的敌手，遭到惨败。樊子盖吩咐他再次出战，他执意不肯。樊子盖为了树立自己的威严，干脆以此为由，将他斩首示众。此举一出，樊子盖的威严是树立起来了，但那些在外从军迎击杨玄感的高官子弟们，在得知裴弘策被杀之后，却群情振恐，吓得宁愿降敌，也坚决不肯再回洛阳了。

此时由于东都守将的内讧，四十多名高官子弟都向杨玄感投降了。

杨玄感看到东都的高官子弟纷纷投降，更加坚定了攻克洛阳的信心。

“天下响应，功在朝夕。”他似乎已经看到了胜利的曙光。

功亏一篑

大业九年（613 年）六月，辽东城已被隋军围困近两个月了，还是没有被攻下来。杨广心情急迫，派人发出了最后通牒：

“如不投降，城破之日，鸡犬不留！”

“唯愿一战！”城内守军异常坚决。

杨广招降无效，立马下达了总攻命令。这时，几乎所有人都确信，辽东城危在旦夕，它的陷落已经是板上钉钉的事。但就在这时，一封关于杨玄感反叛的紧急公文被送进了御营。杨广览毕公文，惊恐的神色溢于言表，然后派人将苏威叫入营内。

“这孩子很聪明，怕是要成为祸患了。”杨广对苏威说。

杨玄感的叛乱大大出乎杨广的预料。百万大军出征，最重要的就是粮草供应。杨广将这样的重担交给杨玄感，表明对他的忠心和才能足够放心。但现在对方却反叛了，杨广一时被搞得手足无措，进退失据。

“能明辨是非、预判成败的人，才能称得上聪明。杨玄感为人粗疏，不必为他的谋反而担忧。”苏威回复杨广道。但随即，他又将话锋一转，继续说道，“只怕它会逐渐成为动乱的源头。”

在苏威看来，真正值得担忧的不是杨玄感叛变事件本身，而是它有可能在黎民百姓中引起的连锁性反应。

听了苏威的分析，杨广还是放心不下。后来，他又得知东都的官员子弟很多都归降了杨玄感，越发忧虑起来。这时，他首先想到了查办叛军党羽。

在辽东前线，与杨玄感有牵连的人不在少数，其中包括他的几个弟兄和好友斛斯政。尤其是斛斯政，不仅在杨玄感举兵之前帮他将几个弟兄暗中遣返回了中原，而且还亲自参与了叛乱的谋划。这时，他得知皇帝要追查叛军党羽，心中当然惶恐不安，害怕一旦事情败露，自己会被问罪。几经思虑，他干脆在东窗事发前投奔了高句丽。

本来，鉴于第一次征讨高句丽失败的教训，杨广对这次出征的部署全没有对外公开，但斛斯政一旦投敌，意味着它已全部泄露给了敌人。事已至此，这仗也就没有再打下去的必要了。况且，杨广还担心叛军在中原兴风作浪，会危及自己的江山，也急于回军平叛。所以，两天后他秘密召集诸将，下令趁夜撤军。为了掩人耳目，迷惑敌方，他还下了这么一道命令：

“所有军资器械、攻城之具、营垒帐幕等，全都原地不动，不准携带。”

杨广此举的确达到了迷惑敌军的目的。尽管隋军军心涣散，阵形混乱，高句丽人对此也有所觉察，但害怕误中对方的诱敌之计，迟迟没敢上去追击。他们只是在城内击鼓呐喊，直到两天后确认隋军已经撤军，才陆续派出几支小股部队，从后追袭扰乱，取得了几次零星的胜利。

这次出征，隋朝将士本来兵分三路：除杨广自带一军围攻辽东城外，宇文述和杨义臣还率领一军从陆路进逼平壤，来护儿则负责率领海军从东莱港出发，跨渤海进攻平壤。宇文述和杨义臣正按计划行军，准备跨过鸭绿江，但就在这时突然接到了皇帝的撤军令，也就只能奉命回师，前去讨伐叛军。

来护儿当时正集兵于东莱港，准备出海。在杨广命令撤军之前，他先接到了叛军围攻东都的消息，然后立马就召集众将商议，看是否应取消原定的渡海计划，转而去镇压叛军。众将均坚定地认为，在得到皇帝的指令之前，还应按原定计划渡海作战。但来护儿经过考虑之后，力排众议，厉声道：

"洛阳被围，心腹之疾；高（句）丽逆命，犹疥癣耳。公家之事，知无不为，专擅在吾，不关诸人，有沮议者，军法从事！"[①]

来护儿一声令下，麾下众将再也不敢有异议了。紧接着，他下令迅速按新计划行事，一面回师对付东都的叛军，一面让儿子来弘、来整将此事快马奏知皇帝杨广。

当来护儿的两个儿子抵达涿郡时，杨广的大军已经撤出了辽东，正在涿郡整顿军备，准备回师讨伐杨玄感叛军。他刚给来护儿下达了回师驰援东都的诏令，还没来得及发出去。来弘、来整见到杨广后，禀报了父亲来护儿自作主张回军平叛之事。杨广听了不但没有怪罪，相反还十分满意，认为来护儿这样做很对。而且，为了让来护儿安心平叛而无后顾之忧，他还在即将发出的诏书中鼓励他称：

"公旋师之时，是朕敕公之日，君臣意合，远同符契。"[②]

---

① 魏征等:《隋书》，第 64 卷《来护儿传》。

② 司马光:《资治通鉴》，第 182 卷。

叛军西进

杨玄感叛军在围攻东都半个月后，仍然没能攻克。

他万万没有料到，父亲杨素领衔兴建的这座洛阳新城，竟是这般坚如磐石，将自己的部队挡在城外，寸步难行。隋将樊子盖凭着洛阳坚固的城防，顽强抵抗着叛军的进攻。而且，他还通过处决裴弘策树立了威严，可以从容不迫地落实自己的防御部署。杨玄感仗着自己人多势众，接连发起了好几次进攻，都被他随机应变，游刃有余地拒于城门之外，几乎没占到半点便宜。

没过多久，一个突如其来的因素又增加了叛军进攻洛阳的难度：长安守将卫文昇率领着一支四万人的援军，出现在了洛阳城北。尽管在长途跋涉之后，其战斗力受到了一定削弱，但毕竟不容小觑。

卫文昇部的出现，给杨玄感围攻洛阳造成了极大阻碍。杨玄感考虑再三后，决定先调头猛攻卫文昇部，拔除这颗钉子，免除进攻洛阳的后顾之忧。尽管是两线作战，但由于杨玄感善抚部下，每次作战都身先士卒，结果几次交锋下来，敌方均遭重创而死伤过半，他的部队却增长到了十万人。

几次交战下来，卫文昇意识到自己的残兵败将根本无力扭转战局，所以果断放弃了挫败敌军的念头，转而设法迟滞其进攻洛阳。接下来，他将残部转移到邙山脚下，虽然屡战屡败，但始终不屈不挠地拼死抵抗，每天跟敌军交战十多次。

杨玄感虽然在打了几场胜仗之后实力大增，但一直没能给卫文昇部以致命打击，反倒被分散了注意力，延误了对洛阳的进攻。不久，杨玄挺在作战时中箭身亡，其部队士气大受影响，杨玄感由此放缓了对卫文昇部的攻势。而且，他还渐渐发现，自己进攻洛阳的阻力不止来自卫文昇部，他的军队内部也出了问题。

不久前向杨玄感投降的朝廷高官子弟之中，有一人名叫韦福嗣，是在洛阳出城迎击叛军战败后投降的，但不知因何缘故，被杨玄感抱以非同寻常的器重。李密本来是杨玄感专门招来出谋划策的，都不如韦福嗣受重用。而且李密还发现，韦福嗣竟是一个居于官军与造反军之间的“骑墙派”，立场摇摆不定，每次谋划都模棱两可。

“韦福嗣表面支持我军，实际持观望态度。您事业初创就有奸人在侧，肯定会被误导，应该将他斩首示众。”

李密多次暗中观察韦福嗣，摸透其立场后，私下给杨玄感提出了上述建议。但杨玄感对此根本不以为然，不但没有杀掉韦福嗣，相反对他保持一如既往的信任。李密反而被更加疏远了。无奈之余，他对一位亲信哀叹道：

“杨玄感造反积极，却难以成功，我们要被他连累了！”

杨玄感与李密的分歧，除在人事任用方面之外，还表现在战略部署上。

不久前，右武侯大将军李子雄因事得罪了杨广，要被押赴辽东问罪。他心知此去必定凶多吉少，干脆在途中杀死了使者，然后就跑去投靠了杨玄感。在那里，他受到的重视不亚于李密和韦福嗣。当时，杨玄感在连续击败卫文昇部之后实力大增，李子雄便劝他赶紧称帝。

按照杨玄感的计划，他只是想把杨广拉下马，然后另立新皇，而不是推翻整个王朝。所以在起兵之初，他连新皇人选都定好了。如今李子雄劝他称帝自立，实在出乎意料。杨玄感犹豫再三，拿不定主意，便去征求李密的意见。

“兵起以来，虽复频捷，至于郡县，未有从者；东都守御尚强，天下救兵益至，公当挺身力战，早定关中，乃亟欲自尊，何示人不广也！”①

李密对李子雄的意见不以为然。他给杨玄感分析了眼下“一利三弊”的处境，认为局势不容乐观，为今之计应“挺身力战，早定关中”，而不是急于称帝。这次，杨玄感对李密的话听了一半，只是放弃了称帝的念头，而对于“早定关中”的建议仍然置之不理。

不久，李密的担忧变成了现实。由屈突通率领的一支洛阳援军已经

① 司马光：《资治通鉴》，第182卷。

抵达河阳，正准备渡河南下，向叛军发起进攻，宇文述部紧随其后。杨玄感发现局势不妙，但自己又无计可施，只好再次问计于李子雄。

“屈突通晓习兵事，若一得渡河，则胜负难决，不如分兵拒之。通不能济，则樊、卫失援。”李子雄回答道。

杨玄感觉得此言有理，于是打算发兵，阻止屈突通渡河。但洛阳守将樊子盖早就看透了他的意图，接二连三出兵阻挠。最终，屈突通顺利渡河南下，与卫文昇部形成了对叛军的东、西夹击之势。樊子盖见状，也频频从城内发动袭击。杨玄感迫于无奈，只好分兵拒敌，连吃败仗。

“东都援军益至，我军数败，不可久留，不如直入关中，开永丰仓以振贫乏，三辅可指麾而定，据有府库，东面而争天下，亦霸王之业也。”

李子雄见局势持续恶化，也迅速转变了态度，开始劝杨玄感放弃洛阳，转而进军关中。李密进一步献计道：

“弘化郡留守元弘嗣与斛斯政沾亲带故。如今斛斯政投敌高（句）丽，而元弘嗣在陇右手握强兵，我们可诈称他谋反，遣使迎公，因此入关，可以绐众。”

杨玄感心知攻取洛阳已是奢谈，只好依从了二人的谏言，迅速采取行动。在宇文述军抵达洛阳之前，他就撤围西去了。为了弥补进攻洛阳失利带来的消极影响，他一路上对外宣称：“我已破东都，取关西矣！”但其实，东都还在官军手中。

洛阳距离关中有四五百里路程，不算太远。杨玄感只要占据潼关，就卡住了连通两地的咽喉，进取关中也就有了一半胜算。而且，几个当地人士还自愿充当向导。形势对杨玄感叛军来说，还不算太坏。但在途经弘农时，他却被当地父老规劝，留了下来。

“弘农空虚，又多积粟，攻之易下。”①

杨玄感被这眼前小利给迷惑住了，决定先攻克弘农，然后再进军。

“公今诈众西入，军事贵速，况乃追兵将至，安可稽留！若前不得

---

① 司马光：《资治通鉴》，第182卷。

据关，退无所守，大众一散，何以自全！”[①]

李密发现了杨玄感的错误苗头，再次苦劝他及早进军关中，不要在弘农白白浪费时间，但他根本听不进去。结果，弘农守军的抵抗异常顽强，叛军连续三天没能攻克，之后才被迫弃之而去。但这时，宇文述、卫文昇、来护儿、屈突通等人的部队，都已经尾追而来了。

处决叛乱分子

大业九年（613 年），杨玄感从起兵反叛到失败被杀，只坚持了不到两个月。

到当年 11 月，乱党主要分子先后都已归案。杨广当时身在高阳，于是下令将他们从洛阳押解过去，要亲自审讯。被押在途的一共十几人，其中有李密、杨积善、韦福嗣等，但不包括杨玄感。几个月前，他已经被杀害了，下手之人正是他的弟弟杨积善。

那时，杨玄感因为进攻弘农不力，贻误了战机，还没到关中就被官军追上了。在接下来的战斗中，他使尽浑身解数，拼死作战，但因为寡不敌众，终究不是对方的敌手。

“他一天之中三战三败，”司马光称，“在最后的决战中，他的军队遭到了灭顶之灾。”

在主力军覆没之后，杨玄感只带着手下十余人，骑马逃离了战场。因为后方敌兵追得紧，他在慌乱之中连马都丢了，就只好和弟弟杨积善徒步逃命。这时，他预感到了末日的降临。

“我不能受人戮辱，汝可杀我！”[②]

杨玄感说完，杨积善就抡刀把他砍死了。他本来还想自杀，但受尾追上来的敌兵阻碍，没能成功。之后，他和杨玄感的尸体被一起带走。到洛阳之后，死了的杨玄感也难逃一劫，他的尸体先在闹市里被当众肢解，三天后又被剁成了碎块，最后被彻底焚毁。这已经严重超出了《大

① ② 司马光：《资治通鉴》，第 182 卷。

业律》所规定的刑罚。

除叛乱主要分子外，受牵连的余党也不在少数。杨广为了加大打击力度，取得以儆效尤的效果，专门成立了以御史大夫裴蕴为首的专案组。

“玄感一呼而从者十万，益知天下人不欲多，多即相聚为盗耳。不尽加诛，无以惩后。”杨广对裴蕴指示说。[①]

接下来，裴蕴遵照杨广的指示，对乱党余孽进行了严惩。“仅被处死的就有三万多人，其中一半以上是被冤死的……”司马光说，“他们的财产也都被没收了。”与叛军有牵连的平民百姓的下场更惨。杨玄感围攻东都时曾开仓放粮，当时许多百姓都接受了赈济，现在都被追究责任，在城南被活埋了。

与此同时，杨广对叛党深恶痛绝，下令缉拿在逃的叛乱分子。叛军被击溃后，主要分子均作鸟兽散，各自逃命。李密是在潜逃途中被抓捕归案的，在此之前，韦福嗣早已前往东都自首。按照杨广的指示，他们将被一起押赴高阳受审。

李密早年在杨广身边做过御前侍卫，十分了解皇帝的脾性，自料到高阳后必死无疑，所以趁着还在途中，打起了逃跑的主意。拿定主意后，他从买通差役入手，先鼓动几个同伙拿出身上所有的金银，然后去试探差役：

“吾等死日，此金并留付公，幸用相瘗，其余即皆报德。”

几个差役见钱眼开，表示愿意配合，就渐渐放松了对他们的监管。一路上，李密等人又好吃好喝地伺候他们，搞得他们每次宴饮都通宵达旦，喧哗不止。长此以往，众人也就见怪不怪了。有一次，几个差役在深夜被灌得酩酊大醉，纷纷倒头睡去，醒来时发现李密等人已翻墙而逃。

“跟我们一起逃吧！”李密在逃跑时对韦福嗣说。

“我无罪，天子不过一面责我耳。”韦福嗣拒绝了李密的好意。

在韦福嗣看来，自己只是假意降敌，杨广会对他开恩的，所以没

---

① 司马光:《资治通鉴》，第 182 卷。

必要逃跑。但当他抵达高阳后，杨广没有多说，只出示了他与杨玄感的往来信件，以实际行动打破了他的幻想。然后，韦福嗣就被押赴大理寺候审。

“凶逆之徒，臣下所当同疾，若不为重法，无以肃将来。”宇文述揣摩了杨广的心思，提议对韦福嗣重刑严惩。

“听公所为。”杨广也心照不宣。

杨积善也没能在途中溜掉，却还存有求生心理，希望借杀死杨玄感之事，能被从轻发落。

“杨玄感是被我亲手所杀的，希望皇上开恩免死。”

但这只不过是自取其辱。杨广非但没有赦免他的死罪，反而变本加厉，连其杨姓也改成了枭氏。

几天后，宇文述将韦福嗣、杨积善等人押到野外行刑。他们被束缚在木格上，用车轮卡住脖子，成了九品以上官员的活靶子。随着宇文述一声号令，瞬时箭如雨下，受刑者被射成了刺猬。接下来，他们的尸体受到了与杨玄感同等的待遇。

杨广希望通过这次行刑，让百官看到反叛者的下场，以达到杀鸡儆猴的目的。

天下大乱

当杨玄感反叛的消息传到辽东前线时，苏威曾劝杨广不必为此担忧，但应防止其成为其他动乱的源头。当时杨广没有在意，后来苏威这话果然应验了。杨玄感叛党被剿灭之后不久，中原就沸反盈天了。

天下盗贼蜂起，多的十几万人，少的有几万……肴山以东深受其害。天下太平已久，人们都不习惯打仗了。郡县的官吏与盗贼作战，每次都望风溃败。

张须陀、鱼俱罗、吐万绪等人，就是在这种乱世中崭露头角的。

张须陀当时任齐郡郡丞，作战勇敢，处事果断，颇得士众之心。他的第一场胜仗是在泰山脚下进行的，对手就是“无向辽东浪死歌”的创作

者王薄。大业十年（614 年），王薄纠集了数万亡命之徒，到附近的齐郡剽掠，先后几次击溃了官军。当其行军至泰山脚下时，很不幸遇到了张须陀。张须陀精选了一批士卒，趁王薄轻敌之际迅速出击，连续两次击败了对手。后来，双方又在章丘相遇。王薄联合了附近的郝孝德、孙雅宣等几股匪众，人马多达十余万，而张须陀只率两万人迎敌，再次大破其众。

在同年救援北海的战役中，当张须陀率军赶到时，北海城已经陷落，贼匪在那里大肆劫掠。张须陀暗中对僚属称："贼匪刚劫掠完，仗着势力强盛，以为我们不敢去救援。我若迅速进军，一定能将其击败。"于是，他率军倍道兼行，趁着对方懈怠发动袭击，果然大破贼军，杀敌数万，缴获辎重军械无数。

张须陀的部队之中，自然不乏骁勇善战之士。历城人罗士信只有十四岁，但格外引人注目。他曾随主帅在潍水作战。还没等敌人布阵完毕，他就已驰马奔到阵前，举枪刺死了几个敌兵。然后，他将一颗首级抛到空中，等其落下再用长矛接住，挑着在阵前巡走，把贼众惊得目瞪口呆。这时，张须陀趁机发动进攻，大败贼众。

张须陀每次作战都身先士卒，罗士信则紧随其后，他每杀一人就割下鼻子揣在怀里，战后据此检查杀敌的数量。

还有另一名勇士秦叔宝，骁勇不在罗士信之下。张须陀曾在祝阿县迎击一个名叫卢明月的匪军头目，他当时麾下只有一万人，而对方拥众十余万。在相持十余日之后，张须陀因缺粮而被迫退兵。他对部下的将士们说：

"贼见吾退，必悉众来追，若以千人袭据其营，可有大利。此诚危事，谁能往者？"①

此言一出，众将士全体沉默，只有罗士信和秦叔宝应声愿往。张须陀各拨给他们一千人马，让二人伺机行事，自己则率主力假装撤退。卢明月探得风声后，倾巢出动追赶张须陀，却被罗、秦二人趁机夺了营寨。等他们率军返救之时，张须陀也顺势回军反击，大破其众。最后，

① 司马光：《资治通鉴》，第 182 卷。

卢明月只带几百人逃命而去。

这一系列的胜利，使张须陀在山东名声大噪，连高坐朝堂的杨广都被惊动了。不久，他专门派了一名钦差前去慰问，画下张须陀战斗的场面，回去后亲自观看。再后来，他有感于张须陀的赫赫威名和不朽战功，又将其提拔为齐郡通守，同时兼任了河南道15个州的讨捕大使。

与张须陀相比，鱼俱罗、吐万绪的英勇也毫不逊色。

当杨玄感举兵反叛时，余杭人刘元进也在江南起兵响应，不到一个月便聚众数万人。后来，另外两位民变领袖朱燮、管崇，一致推举他做了首领，在吴郡称帝，部众很快发展到十万人。杨广见贼势浩大，便令鱼俱罗、吐万绪连兵进讨。

鱼、吐二将接到朝廷的讨伐令之后，先在丹杨大破敌众，后又转战曲阿。双方在那里相持了三个多月，后来临阵交锋，刘元进再次惨败，部众被杀有数万人之多。吐万绪乘胜追击，再次大破其众，敌将管崇当场阵亡。

鱼俱罗与吐万绪协同作战，战无不胜。然百姓从乱者如归市，贼败而复聚，其势益盛。

在这种情况下，朝廷作战破敌并不能真正解决问题，而且鱼、吐二将麾下将士在数次作战之后，均已疲弊不堪。吐万绪意识到这个问题之后，深感担忧。当杨广下诏催促他继续进击贼众时，他的态度消极而悲观，竟以士卒疲敝为由，请求来年开春再战。鱼俱罗也认为，平定贼匪绝非朝夕之功。

鱼、吐二人由此而触怒了杨广。鱼俱罗因为生得相貌奇异，很早就受到皇帝的猜忌，这次又趁洛阳饥荒之际，从南方运粮贩卖，还借机将几个儿子从京师召回到了自己身边。此举本来谋反嫌疑就十足，再加上不久之后的政敌诬陷，杨广一怒之下便给他定了死罪。吐万绪也因此受到牵连，被押往京师定罪。不过，他在途中忧愤成疾，在抵达京师之前就去世了。

吐万绪、鱼俱罗含冤而死之后，杨广的讨贼之心不死，又派江都丞王世充从淮南发兵数万，继续讨伐叛军。王世充为人凶猛残暴、诡计多

端，虽然成功捕杀了刘元进和朱燮，但其用诈术招降叛军余部之后，残忍地坑杀了对方三万余人，致使他们再次相聚为盗，继续与官军对抗，宁死不再投降。

此后，朝廷便再也无计可施了。

大事记（五）

大业三年（607 年）

杨素恃功骄倨，招杨广猜忌。其病逝后，杨广称：“使素不死，终当夷族。”杨素之子杨玄感得知后，内心不安。

大业五年（609 年）

杨广西巡返程，途经大斗拔谷。杨玄感想袭击御驾，被叔父所阻。

大业九年（613 年）

1 月，杨广第二次征召天下兵马在涿郡集结，开始从民众中招募骁果，并修缮辽东古城，以贮藏军粮。

4 月，杨广再渡辽河，派宇文述和杨义臣率军直驱平壤。王仁恭进军至新城，以一千骑兵击败数万高句丽兵。隋军再度围攻辽东城，杨广允许众将便宜从事。

6–8 月，杨玄感在黎阳举兵反叛，采纳李密的下策，围攻洛阳，部众很快发展至十万，各地群起响应。辽东城久攻不下，杨广下令回师平叛。杨玄感久攻洛阳不克，转而西进关中，途中被官军追击，兵败被杀。叛军党羽被杀者三万余人。

11 月，刘元进称帝。李密被官军捕获，途中施计逃脱，再度逃亡。

第六章　逐　鹿

“以足下雄才大略，士马精锐，席卷二京，诛灭暴虐，隋氏不足亡也！”

消除隐患

他的皇位是通过杀兄弑父得来的，他迫不及待想做出一番政绩，来取得大臣和百姓的支持和拥护，借以证明自己做皇帝的正当性。

他对质疑自己权威的言行特别敏感，因为那仿佛意味着说他不该当皇帝。他竭力保持在群臣和百姓中高高在上的形象，从不容忍有损自己威严的行为。

掩吞周汉，比肩秦皇汉武，是他梦寐以求的理想，也是证明他治国才能和地位合法性的有效手段。所以他不惜任何代价，想树立自己在少数民族中的宗主地位。

大业九年（613 年），随着杨玄感在黎阳振臂一呼，杨广的这些理想全都灰飞烟灭了。他费尽心机在大臣、百姓、少数民族中树立的威望，也被彻底戳穿了。礼部尚书杨玄感公然反叛，其他高官子弟纷纷附和，各地民变群起响应，所有这些人反对杨广，都是因为他无休止地远征高句丽，搞得财竭民疲，天怒人怨。杨广在此事上独断专行，死不悔改，耗费了大量的人力、物力、财力，两次征讨之后，高句丽没有降服

不说，连早先归顺或被征服的周边少数民族也都不服圣化，脱离了朝廷的羁縻。

所有这些，似乎都是在一夜之间发生的。

对此，杨广当然心有不甘，也断然不肯就此放弃，他还在竭力挽回自己日渐失去的声望和权威。杨玄感之所以敢铤而走险，除受自己的野心驱使之外，其庞大的家族势力也是一大因素。有鉴于此，杨广开始对其他豪门大族本能地疑忌和戒备起来，尤其是根基雄厚的李氏家族。

其实，朝廷对李氏家族的猜忌由来已久。据传，隋文帝有一次因为梦见国都被洪水所淹而心中不悦，因为有一种对此梦境的解读是，大隋王朝将会被一个名字与水有关的人推翻。杨广即位后，此事虽已远隔多年，但他还是格外警觉。后来，有一个江湖术士安伽陀不知出于什么动机，声称民间流传一则“李氏当为天子”的谶语，由此劝杨广将天下李姓之人斩尽杀绝。杨广虽然没有听从他的意见，但对李浑家族起了疑心。

李浑家族世代强盛，其父李穆辅佐隋文帝开国有功，被封为太师，有赞拜不名、无反不死的殊荣和特权，权倾朝野。李穆死后，由李浑继承了爵位，李浑有个侄子名叫李敏，表字洪儿。杨广结合隋文帝当年的梦境，怀疑这个李敏便是将来推翻隋室江山之人，多次对他当面警告。宇文述与李浑素来不睦，见他正受杨广猜忌，便借题发挥，落井下石，派人告发他曾在征讨高句丽期间图谋造反，还想扶持李敏称帝，并伪造了大量相关证据。

这终于使杨广下定了铲除李浑家族的决心。最后，李氏家族包括李浑、李敏在内，被处死者有三十二人，其余三从以上亲族全被流放边疆。

李浑家族虽已被灭，但杨广的疑心并未就此消除，因为门族强盛、名字与水有关的李姓并不只此一家。杨广的表兄、卫尉少卿李渊也是其中之一，而且生得相貌奇异。大业十年（614 年），杨广任命他为弘农郡留守，可以调遣关右十三郡兵马。李渊上任后御众有方，深得人望，结果又因此受到猜忌。他的一个外甥女王氏在宫中侍奉杨广，杨广有一次传召李渊入宫觐见，因为对方没及时赶到而生疑。王氏称李渊身体有恙，使他更加怒不可遏。

“可得死否？”杨广怒气勃勃地问道。

此事后来传到了李渊耳中，令他毛骨悚然。从那以后，他开始整日纵酒装糊涂，还经常贿赂朝中官员，以此来打消杨广的猜忌，好歹躲过了一劫。

除了权势显赫的李氏家族之外，其他大臣或外戚也饱受猜忌。鱼俱罗和吐万绪就是因此而丧命的。外戚萧禹是萧皇后的胞弟，之前因有才干而受到器重，但大业十一年（615 年）当杨广被突厥人困在雁门时，他曾劝他下诏放弃征伐高句丽，以安士卒之心。杨广尽管当时采纳了他的建议，但解围之后立马就变卦了。

“突厥狂悖，势何能为！少时未散，萧瑀遽相恐动，情不可恕！”[①]

杨广以此为由剥夺了萧瑀的权力，当天就把他外派到河池郡任郡守。候卫将军杨子崇是杨广的族叔，也是因进谏而触犯龙颜，与萧瑀同时被外派到离石郡任郡守。从那以后，杨广身边的大臣人人自危，无疑进一步削弱了朝廷的统治力量。

与此同时，杨广对百姓的态度也更苛刻了。杨玄感叛乱被平定之后，他有一次来到洛阳，先对街衢环顾了一阵，接着就对侍臣说：“犹大有人在。”他的意思是，平定叛乱时所杀的人还不够多，留下来的都是潜在的反叛者。此后，随着各地叛乱此起彼伏，他对反叛者越来越反感，甚至在一道敕令中规定：

“天下窃盗已上，罪无轻重，不待闻奏，皆斩。”[②]

杨广秉着“治乱世用重典”的思想，想以快刀斩乱麻的方式迅速解决贼患，但这根本无济于事。这道敕令颁布之后，盗贼滋生问题不但没有解决，反而愈演愈炽，比先前更加严重了。

“盗者籍没其家。”朝廷又颁布了一道更严厉的敕令。

但杨广这招依然无法解决匪患，只能使局面越来越糟糕。两道诏令

① ② 司马光：《资治通鉴》，第 182 卷。

颁发之后，地方官员获得了自行处决盗匪的大权，开始在地方上擅作威福，生杀任情。黎民百姓就如草芥一般，朝不保夕，到处都怨声载道。

从那以后，全国各地盗匪充斥，局面逐渐失控了。

第三次远征

大业十年（614 年）二月，杨广为了挽回在前两次征伐行动中失去的尊严，又想安排第三次军事行动，下诏文武百官一起商议。但当时的情形很不乐观，杨玄感的叛乱刚被镇压下去，全国盗贼蜂起，官员们被一股反战气氛所包围，一连几天都没人说话。尽管如此，杨广仍然一意孤行，再次下达了针对全国的征兵令。

那时，遍布全国的叛乱给征兵工作带来了极大困难。有的人宁愿落草为寇，也不愿到高句丽去送死。有的人在征发之列，却没有如期抵达前线，另外，中途逃亡者也不在少数。杨广到达涿郡后，曾在一次祭祀黄帝的仪式上，亲自处决了几名被捕的叛逃士兵。但这根本无济于事，途中逃亡的人还是络绎不绝。

但无论如何，经过为期半年的努力，第三次远征还是被动员起来了。

这时，高句丽的情形也不容乐观。经过两次战争的蹂躏，他们已经疲惫不堪，几乎丧失了抵抗能力。七月，来护儿的水军轻而易举抵达毕奢城，并在那里击溃了一支高句丽军，之后便直抵平壤城下。看来，隋军这次是胜券在握了。

"皇帝下诏班师。"

就在准备攻城之际，来护儿接到了杨广派使者送来的诏书。原来，在毕奢城大败之后，高元见势不妙，已主动派使者向杨广乞降了。为表诚意，他还专门将隋朝叛将斛斯政关押在囚车中，送到了杨广所在之处。此时，因为隋军连续两次征讨不力，杨广已经严重信心不足，正担心这次若还师出无功，自己将无法收场。高元可能正是摸透了他的这种心思，才主动乞降的，而且也顺利达到了目的。

杨广视高元乞降为天降之喜，在高兴之余，给来护儿下达了班师令。

但杨广的使者将诏书带到来护儿军中时，来护儿却无法接受，因为他的水师已经兵临平壤城下，对攻破城池十拿九稳，此时退兵无异于前功尽弃。于是，来护儿召集众将士道：

“大军出征三次，均未能平定高句丽，我们这次倘若回去，就不可能再来了。如此劳而无功，我深感耻辱。如今高句丽已经疲弊，以我们这么多军队前去讨伐，不日即可取胜。我打算进军平壤，俘获高元，然后凯旋。”

来护儿坚决不肯奉诏，还打算向杨广上书，请求继续攻城。但问题是，他得不到麾下将士的支持。崔君肃当时也随军出征，首先表达了不同意见，认为应该遵照皇帝的诏令行事，马上从高句丽班师撤军。

“高句丽已经支撑不住了，我受皇帝信任，对此事可以自主决断，宁愿俘获高元而受责罚。要白白放弃这次机会，我却做不到！”

来护儿还在力争继续进军。崔君肃见无法说服他，便转而去劝说众将士：

“要是跟从元帅违抗皇命，必定会被人上奏，那样我们都将获罪。”

士兵们本来就不想参加远征，何况前两次都未成功，这次皇帝又亲自下达指示要求退兵，于是纷纷附和崔君肃，要求退兵。来护儿此时有心无力，一人难敌众口，无奈只能下令班师了。

中秋时节，杨广已从怀远镇班师，中途遇到一小股盗匪劫掠，回到中原时已是冬季。他先在东都稍事停留，然后又启程回到了长安。因为没能俘获高元，他只能以一名高句丽使者和叛将斛斯政去祭告太庙，以宣示自己完成了降服高句丽的大业。几天后，斛斯政就以极端残忍的方式被处以极刑。

其实，杨广这次远征所获得的胜利，只是一个供他满足自尊心的虚名。除了讨回叛将斛斯政，并将其碎尸焚骨之外，他实际上一无所获。不久后，他再次下诏令高元入朝觐见，对方仍旧置之不理，这使他的威严和自尊再次受到极大伤害。

“众将整装严备，再次兴兵问罪高句丽。”

在万分恼怒之下，杨广下达了第四次远征令。但眼下局势已乱得无法收拾，新一轮征讨行动无论如何是动员不起来了。杨广对此其实心知肚明，所以也只能干着急，最后还是作罢了。

远征高句丽之事虽然虎头蛇尾，被就此搁浅了，但杨广根本不是一个能闲得下来的人。这几年来，他将全部精力都投入到对外战争上，如今一旦被迫停止，他的苦恼是可想而知的。闲暇之余，他只好将注意力转移到书籍编修上。当初营建东都，他下令专门建了一个观文殿，殿内前两厢各有十二间，则是他的御用书堂，装饰得奢华无比。

杨广自任扬州总管时起，就养成了读书著述的习惯，至今已保持近二十年。他府中的学士有100多人，奉命修撰一部1.7万卷的百科全书，涵盖经术、文章、兵、农、地理、医、卜、释、道乃至蒲博、鹰狗等诸多领域。

这次，杨广准备前往东都后，在秘书省又新增一百二十名官员，打算着手更宏大的计划。但大臣们马上起来反对：

“比岁伐辽，民实劳弊，陛下宜镇抚关内，使百姓尽力农桑，三五年间，四海稍丰实，然后巡省，于事为宜。”[①]

太史令庚质之前就远征之事劝谏过杨广，现在又反对他巡省东都。尽管杨广已有不悦之色，他仍一再坚持，结果被投入狱中，不久便去世了。

庾质的反对没能挡住杨广的脚步。他依旧按原定计划行事，摆驾前往洛阳。没有人会料到，他这次在长安住了两个多月，竟成了其生前最后一次。以后，他再也没有回来过。

雁门之围

大业十一年（615年）春，杨广率领群臣由东都抵达了太原，名义上说是避暑，实际可能想借以观察始毕可汗的态度，并设法争取其继续

① 司马光:《资治通鉴》，第182卷。

臣服。杨广心里清楚，以当前双方实力而论，始毕已没有必要再对隋朝卑躬屈膝。他们一旦反叛，必将在北方和西域引发连锁效应，这对自顾不暇的隋朝而言，无异于雪上加霜。

这是杨广试图挽回自己威严的最后一次尝试。面对帝国大厦将倾的局面，他只能孤注一掷了。

在太原避暑期间，杨广本人住在汾阳宫，因为宫城狭小，官员、士兵们只能分散于山谷间，住在用草搭成的营帐里。那里是叛乱多发之地。历山飞、魏刀儿等匪盗头目各拥众十余万，他们的根据地就在附近。

如果只是避暑，断然没必要选一个这么危险的地方。杨广一行在那里待了足足四个月，立秋后又突然决定要巡游北塞。

杨广此举足以表明，朝廷与东突厥的关系已经危机四伏。这几年来，朝廷连年兴师动众，东征西讨，搞得国力疲敝，民怨沸腾；而东突厥国力一直在稳步增长，如今已远非昔日可比，这自然得益于启民的韬光养晦。

其实，杨广早已注意到东突厥国力的增长，担心长此以往会危及自己在东亚的地位。于是，在裴矩的策划下，他决定再次实施“以夷制夷”之策，由朝廷将一名皇室宗女嫁给始毕的弟弟叱吉设，将其拜为南面可汗，借以削弱始毕的力量。但这“离强合弱”之计这次竟未能奏效。叱吉设害怕触怒兄长，根本没敢接受那名皇室宗女。朝廷这次施计不成，反而造成了与东突厥的紧张关系。

那时，始毕可汗宠信一名谋士史蜀胡悉，经常让他出谋划策。裴矩深以为患，便以互市为诱饵，将史蜀胡悉骗到马邑杀害，然后报信给始毕，称替他剿除了一名叛徒。但始毕根本就不相信，一气之下，还断绝了与朝廷的往来。双方关系由此雪上加霜。

杨广此次巡游北塞，无疑是想让始毕继续臣服于朝廷。为此，他可以采取安抚和威吓等手段。东突厥在北方和西域诸少数民族中实力最强，只要他继续臣服朝廷，朝廷就仍可确保边疆无虞。

但始毕的精明远非之前几任可汗可比，他早就看透了杨广的意图和

隋朝的虚弱，于是决定将计就计。经过与部下商议，他最终确定了以下计划：

“出动几十万骑兵，以狩猎为名，袭击隋朝皇帝的车驾。”

杨广对此计划自然毫无所知，还在继续前行。但几天之后，突然有一位不速之客前来，自称是义成公主的使者，奉主人之命前来传达始毕的阴谋。

杨广和一班大臣们闻讯大惊，但此时撤退明显已来不及了。情急之下，他们只好掉转车驾进入了雁门城。杨广的一个次子杨柬则带领后军，进入了附近的惇县。紧接着，始毕就率几十万骑兵包围了雁门郡。

雁门郡一共有四十一座城池，隋军的防御力量本来就十分有限，又被集中于雁门城和惇县，所以在突厥人的强攻下，除这两处之外，其余三十九座城池都被攻陷了。雁门城的情况也不乐观，城内百姓和士兵一共有十五万人，粮食仅可供二十天之用，将士们只能拆毁民房，用作守城的武器。在这种情况下，敌人随时可能破城而入。

隋军的守备正日渐削弱。敌人的箭矢射到杨广跟前，令他惊恐不已。但他无计可施，只是抱着自己七岁的儿子赵王杲痛哭流涕，眼睛都哭肿了。形势已到了万分危急的关头，若再不设法挽救，城中军民就难逃沦为俘虏的命运，杨广本人也不例外。

“陛下挑选几千名精锐骑兵，突出重围吧！”宇文述建议道。

“轻骑是对方的长处。现在我方据守城池，尚有余力，陛下是万乘之主，怎么能轻易行动呢？”苏威据理力争道。

“陛下留在城中尚能侥幸保全，不如一面坚守城池，挫动敌军锐气，一面征召各地兵马前来救援。陛下亲自抚慰士卒，宣布不再征伐辽东，并且重赏爵位，士兵们肯定会奋勇争先，何愁不能成功呢？”萧禹建议道。

“义成公主是可汗之妻，按突厥习俗可以参与军机，我们可以暗中派使者去与她联络。另外，将士们担心陛下一旦脱险，又会去征伐高句丽。陛下如果明确宣布赦免高句丽的罪过，专事征伐突厥，这样大家就会安心应战了。”

杨广迫于无奈，最终只能接受了大臣们的意见，先下诏停止了为远征高句丽而进行的征役行动，紧接着又招募天下勇士前来勤王。在派出使者向义成公主求救之后，为了鼓舞士气，让众将士奋勇抗敌，他还强打起精神，亲自去巡视部队，不仅给他们许下了美妙的承诺，每天还派出大批使者前去慰问。

“大家努力抗敌，这次若幸免于难，参加战斗之人都不愁没有富贵，无官者授六品官，赐物百段，有官者品级和赏赐都依次增长。”

杨广此言一出，众将士被感动得一塌糊涂，为了体验皇恩浩荡，不分昼夜地奋勇杀敌，将敌兵挡在城外。杨广本来已经是沮丧至极，眼见局面有所好转，又重新燃起了希望。更令人振奋的是，受诏勤王的各路援军已陆续进发，最快的据说已经抵达忻口，而且，义成公主也向始毕发出了“北方边境告急”的假消息。

果然，始毕可汗的大军在围困雁门三十七天之后，不仅没能攻破城池，反而因为局势突变，不得不撤军了。杨广探听到始毕的动向，开始还抱有疑虑，怕是对方的诱敌之计。为确定消息的可靠性，他马上派人前去侦察，不久得到报告说山谷空无一人，他这才放下心来。

这场雁门之围，最终不过是虚惊一场。

“继续商议征伐高句丽之事吧！”

杨广返回东都后，惊魂甫定，立马就一反前言，将之前放弃远征高句丽的诺言抛到了九霄云外。不仅如此，连之前承诺给守城将士们的封赏，他也没能兑现。士兵们最终得到的，只是咬牙切齿的愤恨和满腹怨言。

这次北巡之后，杨广作为一国之君所剩的最后一点威严，不仅在突厥和高句丽等少数民族之中，也在麾下众将士和文武百官之中，更在广大黎民百姓之中算是一笔勾销、灰飞烟灭了。从此，对于拯救大隋王朝，他终于承认自己回天乏力了。

可能正是被这种消极情绪所影响，杨广认为中原已经乱到无可收

拾，也就对拱卫关中失去了信心，最终才决定要南游江都的。

李密落草瓦岗寨

就在杨广北游雁门被围、对帝国前途心灰意冷的同时，在河北、山东一带，却有一个人结束了为时近三年的流亡生涯，即将迎来一生中最为辉煌的时刻。

这个流亡者便是李密。他在流亡途中曾发过这样一番感慨：

“已经是金风初起、树叶凋零的季节了。在这时节，穷途之士一想到古人的生平事迹，总不免会泣下沾襟。遥想秦亡汉兴那段岁月，不就像当今这般风起云涌、离乱纷争吗？如今，新王朝振兴的迹象尚未出现，不正是英雄用武之时嘛！秦汉之际，樊哙不过是个市井之徒，萧何也只是一介刀笔小吏，但碰上风云际会，最终都能名载史册。当世英雄豪杰应好好把握机会，怎能虚度此生呢？（金风荡初节，玉露凋晚林。此夕穷途士，郁陶伤寸心。野平葭苇合，村荒藜藿深。眺听良多感，徙倚独沾襟。沾襟何所为？怅然怀古意。秦俗犹未平，汉道将何冀？樊哙市井徒，萧何刀笔吏。一朝时运会，千古传名谥。寄言世上雄，虚生真可愧。）”①

李密的这篇文字，后来被魏征载入了他的传记之中，成了传世名篇。从秦末汉初那段风云际会的历史中可以看出，人的生死成败，虽说是由上天注定，但又何尝不在其一念之间？

大业九年（613年），李密因为参与杨玄感叛乱而遭到官方的通缉，一度深陷囹圄。但蒙上天眷顾，他在半途略施小计，竟又绝路逢生。可惜韦福嗣等人不听他的劝告，早成了刀下亡魂。

李密那次侥幸脱身之后，一直浪迹江湖，隐姓埋名，在极度窘迫时，甚至以食草根、树皮为生。他先后投靠过郝孝德和王薄等叛军头

① 刘昫：《唐书》，第53卷《李密列传》：“经数月，（李密）郁郁不得志，为五言诗……诗成而泣下数行。”

李密牛角挂书

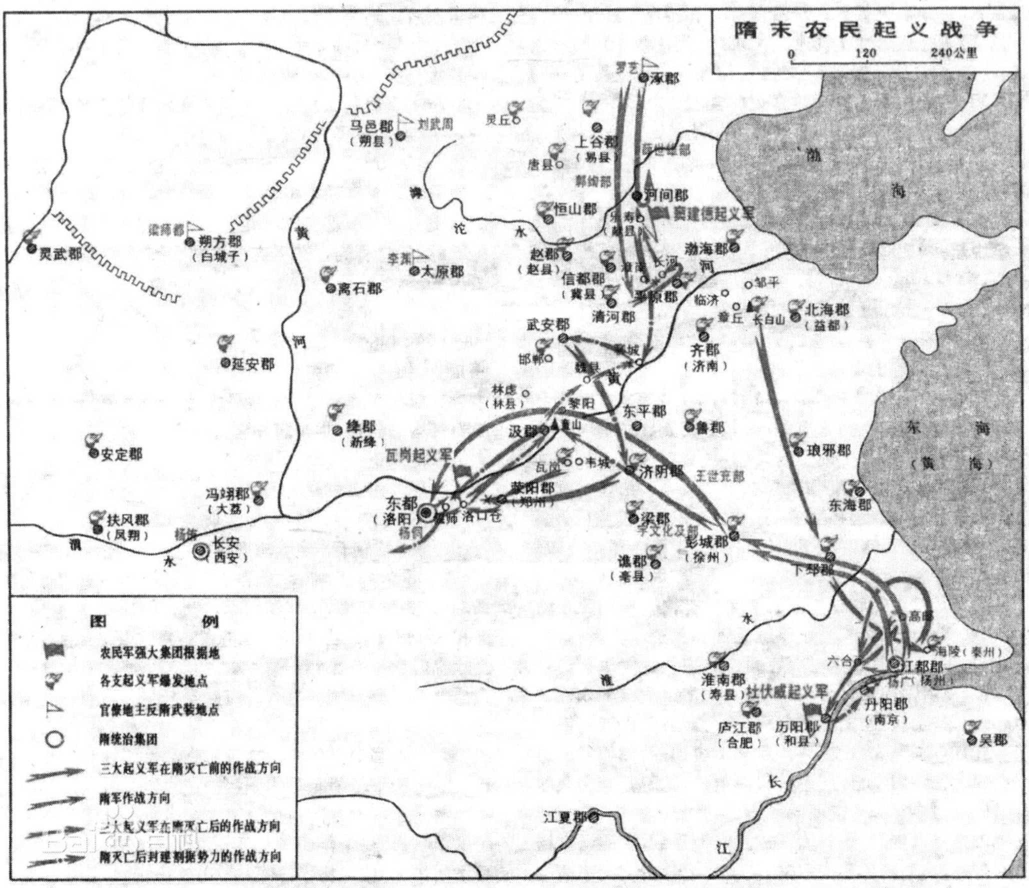

隋末农民起义战争示意图

目，但均不受礼遇。后来，他厌倦了这颠沛流离的生活，改名为刘智远，躲到淮阳一个村子里教书，但后来还是被官军发现了，无奈只能再次流亡。几个月后，他又避难到妹夫雍丘县令丘君明家，但不久再度被人告发，甚至惊动了皇帝。

当官兵奉命前去缉拿之时，李密恰巧有事出门，才幸免于难。但其妹夫却受牵连，被处死了。

在雍丘幸免于难之后，李密继续亡命天涯，希望遇到人生的转机。大业十二年（616 年），他因缘际会跑到了瓦岗寨，想投靠那里的叛军头目翟让，结果被人认出是正被朝廷缉捕的重犯，差点丢了性命。好在有一个外黄人王伯当相助，他才得以在那里安下身来。

那时，瓦岗寨附近散布着好几股盗匪，彼此之间时常有联络，王伯当就是其中之一。王伯当对李密的才华钦佩有加，还拜他为师。李密后来就是凭借他的帮助，才得以往来于各部头领之间，向他们兜售夺取天下的谋略。最初，各头领都认为他轻浮不实，满口诳语，直到后来才渐渐领悟，开始对他敬重起来。

“此人是公卿子弟，志向、抱负不凡。眼下有一条谶语称‘杨氏将灭，李氏当兴。’此人姓李，又多次大难不死，莫非就是要成就帝业之人吗？”他们中间甚至有人这样认为。

从那以后，李密便在瓦岗寨落下脚来。他在那里虽然备受礼遇，但也发现了不少问题：各部之间组织杂乱，各行其是，如同一盘散沙；各首领多是草莽出身，擅长打家劫舍，却缺乏长远规划和谋略。

接下来，为了弥补瓦岗军的这两大缺陷，李密可以说是费尽了心思。为将各部改造成一支组织严密、纪律严明的战斗队伍，他先选定了一个实力稍强的头目，作为最高领袖候。此人名叫翟让，本是一名东郡的法曹，为人慷慨仗义，曾因罪被判死刑，后被一狱吏释放，后来与几个同乡在瓦岗寨落草为寇。当时，他的麾下有一万多人马。

李密经由王伯当结识翟让后，经过几次攀谈，认为此人值得共事，便竭力游说其他头目向他靠拢。他的这项工作完成得非常成功。很快，以翟让部为首的瓦岗军联盟就建立起来了。

李密接下来的第二步，是对翟让进行思想改造。他瞅准时机，先向对方分析了当前天下大乱的时局，然后劝他把握时机，待时而动：

“如今朝廷昏庸无能，天下民怨沸腾，精兵锐卒在辽东丧失殆尽，突厥也中断了和亲，皇帝弃东都而不顾，躲到江东苟且偷安……当年，刘邦、项羽就是在这种乱局之中奋起，以布衣之身而荣登帝王之尊。如今，以您的雄才大略，加上士卒之精良，足以席卷东、西二京，诛灭暴君。”

但说到底，翟让充其量只是一个盗匪头目，从来没有称霸天下、荣登九五之类的大气魄。所以，李密这番话明显超出了他的心理承受范围。等李密说完，他只是感慨叹息道：

“我辈身为群盗，旦夕只在草丛间偷生，你所说的，不是我能想到的呀！”

李密历经千辛万苦，好不容易找到了一块用武之地，当然不会轻易放弃。一次，他得知翟让有一个通晓阴阳占卜之术的军师，名叫贾雄，备受器重，便想从他身上入手，采取迂回之术，对翟让进行旁敲侧击。贾雄素来钦佩李密的才学，表示乐于配合，于是两人很快拟定了行动计划。不久，翟让对李密的建议犹豫不决，果然找军师贾雄进行咨询。

“你感觉蒲山公的建议如何？我是否应该采纳？”翟让问贾雄道。

“吉不可言！你若自立为王，恐怕未必轻易成功，但若拥立蒲山公，那就事无不成了。”贾雄斩钉截铁答复说。

“如果真如你所说，蒲山公应该自立才是，为什么又来投奔我呢？”

“那是因为将军姓翟。翟者，泽也，蒲草非泽不生。”

听了贾雄的解释，翟让恍然大悟，于是决定重用李密，按其计策行事。

最后的江都之旅

杨广自大业十一年（615 年）十月从雁门返回后，在洛阳一直待到次年七月——那是他一生中在那里待得最久的一次。在此期间，他否决了苏威、赵才等人返回关中、巩固根本的建议，执意要南游江都。但问题是，南游要走水路，洛阳的龙舟却已在杨玄感叛乱时被付之一炬。杨广了解相关情况之后，马上令江都丞王世充新造了一批。

这是一段漫长的等待，在龙舟造好之前，他几乎无事可做。而以往，他都是风尘仆仆，带着行宫四处巡游或亲赴战场，那是何等豪迈。雁门之围后，一切都变了。大隋朝廷在周边少数民族中已经威风扫地。去年元旦，周边有二十多个少数民族部落入朝进贡，但今年一个都没有来，皇宫里显得冷冷清清。在大半年时间里，杨广几乎无所事事，无聊到在夜间捉放萤火虫取乐。

不久，江都新造的龙舟被送到了东都。杨广和众人登舟启程，前往江都。在他背后，是宫女嫔妃们伤心的啜泣和无助的眼神，眼前则是黯淡的前程。前方长路漫漫，杨广在江上度过了数十个难眠之夜，只有几个宦官、卫士陪在身边。有时，他仿佛听到别人的倾诉：

“我儿子替皇帝征伐辽东，饿死在青山脚下。如今我又替皇帝拉纤，困在大堤的官道上。天下已没有粮食了，我是在饿着肚皮往前走。”

声音是那样地清晰，杨广断定这肯定不是幻觉。最初，他认为是外面的纤夫在叹怨。他静静地将歌听完了，然后暗中派士兵去查询究竟。但士兵们根本无踪可循，也揣摩不透皇帝的意图，不知他是想与对方对谈，还是要给他们降罪，就只好如实禀报了。

既然查无结果，杨广也无可奈何。其实，他根本就无心再追究此事了。眼下，各地民变的消息满天飞，他还得调兵遣将，前去应付。不久，抵达江都之后，令他烦心的事更多。荥阳不久前遭到瓦岗军的进攻，因为守御不力，已经濒临陷落，而老臣宇文述也恰在这时病危了。

宇文述已经追随杨广大半生了，尤其是当年为他夺嗣东宫，立下了汗马功劳。他是一个忠心耿耿的执行者，对杨广的意图从不忤逆，在皇帝西巡、讨伐辽东、镇压杨玄感叛乱等战役中立有显赫功勋。杨广为了报答他，不仅将其提拔为宰相，还将一位公主嫁给了他的小儿子宇文士及。这样，两人之间又多了一层关系——亲家。

宇文述在朝中和苏威、裴矩、裴蕴、虞世基并列，享有参与朝廷决

策的权力，是名副其实的‘五贵’之一。

对杨广而言，眼下的局面已经无法收拾，失去这位亲密的助手更令他痛心。在宇文述病重期间，他本想亲自前去探望的，但因被认为于礼不合，被群臣极力劝阻了。无奈之余，他只能派一名宦官前去传达问候，顺带询问对方还有什么未了的心愿。

“化及，臣之长子，早预藩邸，愿陛下哀怜之。”宇文述哀求道。

在宇文述的三个儿子之中，长子宇文化及生性顽劣凶险，贪婪骄横，惯于胡作非为，人授诨号“轻薄公子”。在杨广即位之前，他凭父亲宇文述的关系，轻易成了一名东宫的高级僚属，但在任上劣迹斑斑，多次因受贿而被免职。尽管如此，他仍然劣性不改，复职后又和弟弟宇文智及合谋，违反朝廷禁令与突厥人做生意，不久东窗事发，两人一起被贬为奴。

宇文述教子无方，却一直对儿子被贬一事耿耿于怀，所以在弥留之际，又恳请皇帝赦免他们的罪过，并授予一官半职。此后，宇文述没多久便辞世了，杨广以满怀伤感之情满足了他的遗愿，封宇文化及为右屯卫将军、宇文智及为将作少监，还赐予他们家族一笔丰厚的恩赏，之后更给宇文述举办了一场规格极高的葬礼。

这时，随着宇文述的辞世和不久前苏威被罢黜，朝廷短短几个月就损失了两位宰相。当初的朝中“五贵”，也就只剩下裴矩、裴蕴和虞世基三人。这样，杨广留在江都就更顺理成章了。因为三位宰相之中，华北出身的裴矩一向专注于边疆事务，基本不插手朝廷内部决策；而裴蕴和虞世基都是江南人士，对居留江都当然不会有异议。

在宇文述死后，就影响杨广的决策而言，虞世基显然比裴蕴发挥着更为突出的作用。虽然他本人不熟悉为官之道，但他有一个得意门生封得彝，时常帮着暗中谋划，教他传布实施诏令以及迎合皇帝心意的各种技巧。于是，虞世基渐渐从中学会了：群臣的表奏凡有背离皇帝旨意的，都应该摒弃不报；审理案件或实施刑法时，一定要引用严苛的条文，刻意诋毁；凡应论功行赏的大臣，都应极力抑制贬低。另外，他还大肆卖官鬻爵，收受贿赂，把朝廷搞得乌烟瘴气。

当然，朝廷中还有一批耿直大臣，想竭力阻止虞世基等人胡作非为、败坏朝政的劣行。治书侍御史韦云起就大胆向杨广上了一道奏章，其中称：

“世基及御史大夫裴蕴职典枢要，维持内外，四方告变，不为奏闻。贼数实多，裁减言少，陛下既闻贼少，发兵不多，众寡悬殊，往皆不克，故使官军失利，贼党日滋。请付有司结正其罪。”

韦云起的奏章尽管递上去了，但虞世基等人有杨广这个大后台，他当然不是他们的对手。不久，韦云起先遭到了他们的弹劾，被指责诋毁名臣，所言不实，诽谤朝政，妄作威权。杨广龙颜大怒，立马就将他贬为了大理司直。

瓦岗军崛起

杨广在江都期间，仍然十分关切东都及周边的局势。在洛阳以东的荥阳、梁郡地界新崛起了一支瓦岗军，已经对荥阳展开进攻。一旦荥阳失陷，洛阳也就唇亡齿寒了。

瓦岗军这次进攻荥阳，是在大业十二年（616 年）十月杨广南游江都之后，为的是解决军中缺粮的问题。不久前，瓦岗军各部经过李密的游说，虽然已被成功撮合在了一起，但仍时常有缺粮之虞。有时，他们只能在外劫掠过往的商贩，借以补充军饷，但军中粮草仍然得不到保障。长此以往，如果遇有强敌来犯，大众必定会涣然溃散。

李密敏锐发现了这一问题，便去给翟让提议：

“未若先取荥阳，休兵馆谷，待士马肥充，然后与人争利。”[1]

翟让之前经过与贾雄协商，已决定重用李密，这次当然乐于采纳其提议。于是，他召集起瓦岗众首领，亲自出马，提一支大军西进荥阳，趁敌人无备之际，出其不意，一鼓作气攻克了金堤关。荥阳太守是个怯懦无能之辈，自始至终没能组织一场像样的抵抗。很快，荥阳郡一半以

① 司马光:《资治通鉴》，第 183 卷。

上的辖县，就被瓦岗军轻而易举收入囊中了。

荥阳危急的消息很快传到了江都，令杨广君臣大为震惊。瓦岗军的崛起令其惶恐不已，尤其是李密几次大难不死，执意与朝廷为敌，被认为是心腹大患。因为先前有一则谶语称“李氏当为天子”，杨广最初怀疑这个“李氏”是李敏家族，于是很坚决地将其铲除，现在又确定是李密无疑，必须要除之而后快。但问题是，李密已经不再是之前的潜逃犯，而且现在得到瓦岗军之助，已经是如虎生翼。

杨广躲在江都，不忍坐视江北的大好河山轻易落入匪军之手。但如何对付李密和瓦岗军，这令他纠结不已。经过再三权衡，他终于想起了之前瓦岗军的克星——山东名将张须陀，于是一纸调令将其调往荥阳迎敌。

张须陀接到杨广的调令，很快便率军杀到了荥阳。翟让闻讯大骇，立马召集众将商议道：

“张须陀来了，我们还是避一避吧！”

张须陀的威名此前已经响彻山东，当地不少匪军头目都是他的手下败将。瓦岗军早先也与他多次交手，但是屡战屡败。这次翟让听闻其名，依然胆寒，所以想把军队撤出荥阳，以避其锋芒。但李密对此却不以为然，竭力鼓动他勇敢迎战：

“须陀勇而无谋，兵又骤胜，既骄且狠，可一战擒也。公但列陈以待，密保为公破之。”①

李密的胸有成竹坚定了翟让的抗战决心，也使瓦岗众将士勇气倍增。翟让于是打消了撤兵避战的念头，转身勒兵赴战，抖擞起精神，前去迎击张须陀。尽管如此，在接下来的战斗中，他还是一如既往地不堪一击，交锋只几个回合，便败下阵来了。

张须陀素来轻视瓦岗军，认为他们败逃已经是司空见惯，所以这次一见他们退却，就再次乘胜奋起直追，想一举全歼残敌。但就在这时，埋伏在敌后的李密部突然猛扑了上来，令官军猝不及防，紧接着

---

① 《隋书·李密列传》

还有王伯当、徐世绩的人马，也都纷纷杀了过来，翟让见状也回军再战。官军当即陷入了混乱之中，在反应过来之前，已被这几股人马围了个水泄不通。

张须陀终于意识到，翟让之前的败逃不过是诱敌之计，而自己这次恰恰因为大意而中了敌人的诡计。但现在后悔已晚，他的部队已经深陷重围。此前，张须陀曾趁着对手轻敌连打了几场胜仗，不料这次自己竟被轻敌所害。李密跟他玩了一把“以人之道，还施彼身”的游戏。但不管怎么说，张须陀毕竟神勇过人，久经沙场，这次经过一番殊死奋战之后，仍然能成功溃围而出。但身为军队统帅，他又不忍坐视自己的部属死于敌手，于是又回身杀入重围搭救，终于在往返冲突四次之后，壮烈殉职。

此战在河南诸郡引起了极大震动。张须陀之死，给大隋王朝带来了无法估量的损失。朝廷在山东从此失去了一根顶梁柱。

经过这次胜利之后，瓦岗众将士对李密刮目相看。这是瓦岗军自起兵以来最大的胜利。翟让为了表示对李密的奖赏和敬重，决定兑现前言，授予他一项特权，允许其独立建牙立部，自行去留。

这样，李密在翟让的谋士之外，就又多了一个身份，成了瓦岗军众头目中的一员。他新建的部众，根据他的爵号被称作“蒲山公营”，风格与瓦岗军其他部众迥然而异。

瓦岗军在荥阳战胜张须陀之后，军中缺粮的问题已经得到解决。翟让此时志得意满，想率军返回老巢瓦岗寨。但李密显然还不满足，他有着更大的野心，想趁此次战胜之余威继续扩大战果。于是，他又去游说翟让道：

“今东都空虚，兵不素练；越王冲幼，留守诸官政令不壹，士民离心。段达、元文都，暗而无谋。以仆料之，彼非将军之敌。若将军能用仆计，天下可指麾而定也。”

李密探知杨广已率大军南下江都，认为机不可失，便劝翟让趁势攻取东都，进而夺取天下。翟让当时对他计无不从，很爽快地批准了他的提议。于是，李密开始加紧部署。当时，杨广君臣虽已离开洛阳，南下江都，但在洛阳仍然留下了一支守军。在李密采取行动时，它们因为

对其意图有所觉察，很自然地加强了戒备。于是，李密决定暂时调转矛头，先抢占洛阳周边的粮仓。拿定主意后，他又劝翟让道：

“今百姓饥馑，洛口仓多积粟，去都百里有余，将军若亲帅大众，轻行掩袭，彼远未能救，又先无预备，取之如拾遗耳。”

“比其闻知，吾已获之，发粟以赈穷乏，远近孰不归附！百万之众，一朝可集，枕威养锐，以逸待劳。纵彼能来，吾有备矣。”

“然后檄召四方，引贤豪而资计策，选骁悍而授兵柄，除亡隋之社稷，布将军之政令，岂不盛哉！”

翟让分不清该策略是对是错，因为之前听他的打败了张须陀，这次也就只管再按他说的做。于是，他胡乱回答李密道：

“此英雄之略，非仆所堪；惟君之命，尽力从事，请君先发，仆为后殿。”

安排妥当之后，两人率领七千精兵，轻装简从，以惊人的速度偷袭了兴洛仓。果然如李密所料，东都的官兵事先没有一点防备，瓦岗军轻而易举就夺得了这座宝库。当他们开仓放粮赈济穷困的百姓时，周边的老弱襁负，络绎不绝前来取粮，塞满了一整条路。

瓦岗军威震中原

大业十二年（616 年）三月，瓦岗军开始了对东都的围攻。

杨广离开东都时，曾确定由孙子杨侗担任留守。但杨侗只是一个十三岁的孩子，根本不足以胜任此职，更糟糕的是，辅佐他的大臣也没有一个能独当一面。所以，在瓦岗军的围攻下，洛阳的局势很快变得岌岌可危。

洛阳留守众臣经过一番协商，认为只能由杨侗遣使江都，去向杨广报信求援。杨侗便以元善达为使，去执行此项任务。这对元善达来说，可不是一份好差事。洛阳距离江都千里迢迢，中途还有各股匪军，他一路上不仅要跋山涉水，历经千难万险，还要躲过敌军的监视和追杀。

杨侗向祖父杨广求援，也实属无奈。几个月前，瓦岗军攻占了洛口仓，引起东都的极大恐慌。杨侗和一班留守大臣为了拱卫东都，很快纠合起一支由骑兵和步兵组成的部队，一共 2.5 万人，由虎贲郎将刘长恭率领，前去讨伐敌军。但东都军民对瓦岗军普遍认识不足，严重低估了其作战能力和进军意图，认为那只是一群抢粮的饥民，应该很容易剿灭。

基于这种错觉，东都的达官子弟们将此战视为抛头露脸、建功扬名的好机会，争相前来应募，其中不乏国子、太学、四门三馆的学士。他们组成了一支表面看上去器械修整、衣服鲜华的军队，但其实际战斗力却是极弱。对于这种情况，李密比他们了解得更深。

更糟糕的是，官军的作战方略也早被李密掌握了。张须陀殉职后，杨广已经任命裴仁基为新的河南讨捕大使。王长恭的策略是，自己率军正面迎敌，裴仁基部从后方掩袭，双方共同挫败敌军后汇师。但该策略在执行中完全走了样。按照李密的部署，瓦岗军也分成两部，分别迎击王长恭、裴仁基，阻止他们合兵。所以，裴仁基在中途受到瓦岗军的阻击，根本没能及时抵达战场。刘长恭没等裴仁基部露面，见对手翟让部势单力薄，就独自发起了进攻。就在他一路狂追之时，李密率精锐从半路里突然杀了出来。刘长恭在惊慌之余，这才认识到自己中了敌人之计。

此战以瓦岗军大获全胜而告终，隋军伤亡一半以上。刘长恭及时解衣逃脱，才得以幸免。

此战中，由于李密部署得当，瓦岗军狂胜官军，缴获辎重器甲无数，战后威声大振。这完全超出了翟让的预料，也使他对李密的敬佩达到了巅峰。贾雄之前说过，瓦岗军得由李密领导才能发展壮大，现在已经应验。翟让于是大发慷慨，主动让贤，将瓦岗军领袖之位拱手让给了李密，并给他建号“魏公”。

随着瓦岗军的影响一天天扩大，在赵魏以南、江淮以北广大区域之内，群盗无不响应，纷纷向其靠拢。道路降者不绝如流，李密声威远播，麾下部众很快发展到了数十万。接下来李密又趁热打铁，调兵遣将，向东攻取了安陆、汝南、淮安、济阳等地，将河南一半以上的郡县

收入囊中。许多能征惯战的官军将领和才略之士，如裴仁基、秦叔宝、罗士信、柴孝和、郑颋等，纷纷投降了瓦岗军。

瓦岗军夺得洛口、回洛两仓后，兵多粮足，这时李密再次打起了东都的主意。他本人亲率三万人马屯驻于回洛仓，从那里大修营堑，渐渐向东都逼近。

当时，东都尚有二十多万人马，实力不可小觑，但缺乏能征善战之将，根本就不是瓦岗军的对手。在对方的步步紧逼之下，他们被迫乘城击柝，昼夜不解甲。守将段达曾出兵七万拒敌，但结果惨遭败绩，之后便龟缩城中，再也不敢出战。在这种危急情况下，众臣能想到的唯一的应对之策，也就是去江都向皇帝求援了。

在瓦岗军的重重围困之下，本来只从东都逃出去就十分不容易了，但元善达竟十分顺利地逃过了各路匪军的追杀，安然抵达江都，见到了皇帝。然后，他便急迫地传达了东都的情况：

“李密有众百万，围逼东都，据洛口仓，城内无食。若陛下速还，乌合必散；不然者，东都决没。”

元善达一边汇报着，竟欷歔呜咽哭了起来，场面之凄楚，连杨广都为之动容。

其实，杨广对东都的情况并非毫不知情。他在前往江都避难之前，已经清楚了解江北遍地烽火的乱局。当时从雁门返回洛阳，他正是无力收拾江北的乱局，心灰意冷，才躲到江都的。前不久，两任河南讨捕大使张须陀、裴仁基一死一降，让他认识到了瓦岗军的强大。这时想让他重返东都对付瓦岗军，更是不可能了。

但元善达不了解杨广的脾性，一心只想挽救东都，虽然言之切切，却给杨广出了一个大难题。他若不返回东都，无疑会瓦解那里守军的士气，进而加速东都的陷落。但若不想回去吧，他又一时找不出合适的理由。

关键时刻，还是虞世基摸透了杨广的心思，认为他避难江东，已经无意北返，元善达请他还归东都，是明显在给他制造尴尬，令他无言以对。所以，他没有直接回答杨广是否要北返，而是避实就虚，从旁提示道：

“越王（杨侗）年少，此辈诳之。若如所言，善达何缘来至！”

这寥寥数语，不仅让杨广豁然开朗，也令元善达顿时无言以对。杨广见状，借机对元善达怒道：

“善达小人，敢廷辱我！”

杨广自知理亏，假装发怒，其实不过是逢场作戏，想蒙混过关，借此打发走元善达。否则，按他一贯的作风，对敢廷辱皇帝的大臣，他十有八九会定以重罪。元善达虽然没有据此而受惩罚，但其下场却比受罚更惨。杨广命他向东阳输送粮草，因为中途被盗匪所据，他在途中被盗匪所杀。

元善达事件就这样结束了，虽是小事一桩，在朝中却产生了极恶劣的影响。虞世基因为替杨广巧言解围，进一步受到宠信。其他大臣见状，也都变得乖巧起来，从此再无一人敢据实禀报贼匪肆虐之事了。

大事记（六）

大业十年（614年）

2月，杨广第三次征召天下兵马在涿郡集结。

3月，杨广抵达涿郡，被征士卒在途逃亡不止。

7月，来护儿在毕奢城击败高句丽军，直驱平壤。高元大惧，遣使乞降，杨广下诏班师。

8月，杨广征召高元入朝，被对方所拒，下令整军，以图后举。

12月，齐郡郡丞张须陀因征讨叛军有功，被任命为河南道十二郡黜陟讨捕大使，又大破涿郡贼帅卢明月十余万众。

大业十一年（615年）

3月，杨广因谶语“李氏当为天子”而猜忌李浑、李敏家族，杀其

宗族32人，三从以上亲属发配边疆。

4月，杨广至太原汾阳宫避暑，任命李渊为山西、河东抚慰大使，发兵讨捕群盗。

8–9月，杨广游北塞，东突厥始毕可汗率军数十万，将其围困于雁门。各路勤王军先后赶到，始毕撤围而去。

10月，杨广抵达东都，下诏新造龙舟数千艘。

大业十二年（616年）

1月，杨广下诏分遣使者十二道，发兵讨捕盗贼。

5月，苏威因触怒杨广被判死刑，后免死罢官。

7月，新龙舟建成，杨广不顾众大臣反对，乘龙舟巡游江都。

10月，宇文述病逝。李密投奔瓦岗军，劝翟让攻取洛阳。张须陀奉命迎敌，兵败身亡。

12月，林士弘拥众十余万，攻陷豫章、九江、临川、南康、宜昌等郡，自称皇帝，国号楚。

大业十三年（617年）

1月，卢明月转掠河南，至于淮北，号称拥兵40万，自称无上王。江都通守王世充奉命讨伐，在南阳大破敌军，斩杀卢明月。

2月，瓦岗军攻陷东都洛口仓，败官军王长恭部2.5万人，声威大震。翟让让位于李密，建号“魏公”。赵魏以南，江淮以北，群盗莫不响应。

4月，薛举起兵于陇右，拥众13万，自称西秦霸王。李密攻陷回洛仓，败东都兵7万，数杨广十大罪，称：“罄南山之竹，书罪无穷；决东海之波，流恶难尽。”

第七章　倾　覆

"我实负百姓；至于尔辈，荣禄兼极，何乃如是！"

坐以待毙

大业十二年（616 年）之后，杨广躲在江都坐以待毙，但还一直关注江北的局势。朝廷在那里重点布防了长安、洛阳和晋阳三个据点。

长安地处关中盆地，有四塞之固，易守难攻，四周也没有强敌。杨广让另一个十二岁的孙子杨侑主持防御，由宿将卫文昇辅佐，可暂保无虞。晋阳北临突厥，周边有多股盗匪出没，杨广派表弟李渊镇守，也不在话下。洛阳是杨广即位后的第一大手笔，虽有二十多万兵马驻守，却不是瓦岗军之敌，连损张须陀、裴仁基不说，之后仍旧抵抗不力，已经危在旦夕。

杨广对洛阳的重视远在长安和晋阳之上。洛阳被瓦岗军包围后，他开始源源不断从各地调集军队前去救援。当年五月，他从关中抽掉了两支援军，分别由将军宠玉、霍世举率领，前去增援洛阳。宠、霍二将在东都留守军的配合下，一度从瓦岗军手中夺回了回洛仓，但很快又得而复失。

杨广闻讯十分震恐，又先后调集多支部队去支援东都，其中包括薛世雄的燕地精兵、王世充的江淮劲旅和来自河南、河北、四川等地的其

他几支部队。薛世雄手握三万精兵，杨广本来想让他担任几支军队的统帅，但他在从幽州南下途经河北时，遭到匪军窦建德部的腰击，全军覆没。所以，当其余各军陆续抵达洛阳后，杨广只好改任王世充为统帅，负责讨伐瓦岗军的总体部署。

王世充在洛阳整合了几支援军，总兵力有十余万之多。但自负的李密当然不会吓倒。此时，瓦岗军正取得前所未有的发展。在朝廷各路援军集结之前，河南、山东再次发生洪涝灾害，致使百姓流离失所，饿殍遍野。杨广本来已经下诏，要求开黎阳仓放粮赈灾，但当地官员执行不力，每天都有数以万计的人饿死。李密看到有机可乘，趁机袭取了黎阳仓，然后赶紧下令放粮，以收取民心。

李密十天就得到了二十多万精兵，武安、义阳等六郡相继投降，窦建德和其他几个头目慑于瓦岗军之强，也先后遣使归附。

在接下来四个月里，李密与王世充进行了三次较量。王世充尽管又得到七万东都军的增援，但每次都被打得丢盔卸甲，落荒而逃。在第三次战斗中，他亲率军队跨浮桥作战，被击败后，仅渡桥溺死者就有一万多，其余残兵败将因遇疾风寒雨，又被冻死数万。王世充的部队最后仅剩下几千人，龟缩在含嘉城，不敢再出兵应战。

东都的败讯传到江都，使杨广的心情更加沉重。到江都一年多来，他已经很少过问朝政。江北的局势使他意志消沉，再也无心振作。在苦闷与压抑中，他开始将大量精力放在营造宫殿和寻欢作乐上。长安、东都的盛况已难得再见，于是他令人在江都宫内建造了一百多间房室，每间都装饰、摆设得极尽奢华。

杨广在江都最后的日子是忧郁的。他备受恐惧和猜疑的折磨，不能忍受帝国的消息，更不能为帝国采取任何行动。①

自元善达死后，朝中人人惧罪缄口，杨广身边只剩下了一批善于阿谀奉承和巴结讨好之人。王世充本来官任江都郡丞，后因进献铜镜、屏风而被提拔为通守；赵元楷本是历阳郡丞，也因进献异味而升任江都郡

---

① 崔瑞德：《剑桥中国隋唐史》，第 2 章，第 5 节《炀帝在位时的问题》。

丞。此举造成了十分恶劣的影响：各郡县的官吏为了搜刮进献之物，开始竞相盘剥百姓。

百姓本来就受到盗匪的劫掠，现在又多了一层官吏搜刮，生计就更难维持了。一旦遇到饥荒，有些人无以为食，只好采集树皮枝叶垫饥，有时甚至煮土而食。

几个月前，王世充发现杨广此行所带的宫女嫔妃不多，于是从自己的江淮辖区内挑选了一大批美女，进献上去。杨广龙颜大悦，立马给他加官晋爵，然后将美女分散安置在房间内，自己带着萧后每天换一个房间。

“他每天参加宴席，酒不离口，相伴的美女有一千多人，也经常喝醉。”

杨广每天纵情声色，借酒消愁，以求暂时压抑心中的苦闷。他对眼下的时局已经绝望，只好用酒色自我麻痹。每次退朝，他用一条短布巾扎起头发，身着短衣便服，拄着手杖，在宫里到处游走，直到天黑才回去。他知道自己来日无多，要把亭台楼阁各处景致记到脑海中。有时，他还亲自仰观天文，策卜前途，这是他自幼培养的一项爱好和技能，现在已经十分精通。有一次看完后，他以当地的吴语安慰萧后道：

“外面有很多人算计我，但也无妨，即便日后成为新王朝的俘虏，你我仍可做安乐夫妻。眼下，我们还是饮酒享乐吧！”说完，杨广便斟满酒杯，喝得烂醉。

在江都，杨广几乎无人倾诉心中的苦闷。众大臣自不必说，就连他自己的子嗣，都渐渐成为他疑忌的对象。他唯一信得过的可能只有萧后了。有一次，杨广在引镜自照了一番后，转身对萧后说：

“好头颈，谁当斫之？”

萧后听了这不祥之语，十分吃惊，问他何出此言。他却笑着回答说：

“贵贱苦乐，更迭为之，亦复何伤！”

看来，对于王朝的黯淡前景，杨广虽然嘴上不说，其实心里是再清楚不过了。

李渊反隋

大业十一年（615 年），杨广率群臣在晋阳避暑时，将表兄李渊派到了太原。

按照杨广的指示，李渊的任务一是防备北边突厥人的侵袭，二是镇压周边的各股叛军。李渊得到任命后高兴极了，因为他心里清楚，地方大员比朝中高官拥有更多的自主权。他将此视为脱离朝廷、独立发展的重要一步。

其实，早在几年前，他就有此野心了。

李渊得到晋阳留守这份差事，与自己特殊的身份不无关系。他是当朝皇帝杨广的表兄，他母亲和杨坚之妻独孤皇后是同胞所生的亲姐妹。所以，李渊和杨广一样，身上也有浓厚的鲜卑血统。但李渊与皇帝的这层亲密关系，却是一把双刃剑，在使他跻身显贵之列的同时，也因受猜忌而备受煎熬。

前不久，有一条“十八子坐天下”的谶语盛传，引起朝野上下的极大恐慌。杨广最初怀疑此人是根基强盛的李敏家族成员，就找借口将他整个家族都铲除了。李密也自认为就是该夺取天下的李姓之人，故而将推翻隋朝确立为奋斗目标，执意与朝廷为敌。在西北，一个名叫李轨的叛军头目，也借此称帝。但姓李的人实在太多，在谶语应验之前，谁也说不准。

李渊也曾因这条谶语而遭到猜疑。很可能从那时起，他就对杨广产生了严重的逆反心理。好在他天性谨慎，从而避免了在时机成熟之前的无畏冒险。杨玄感的大起大落，也使他意识到韬光养晦的必要。接下来，李渊借以打消杨广疑忌的举措有两项，一是假装糊涂无能，二是公开受贿。

李渊这招的确高明。从他尴尬的地位考虑，糊涂和腐败只能表明他除了贪图小利之外，不会有更大的野心，而精明和廉洁则容易带来杀身之祸。不出所料，杨广真被李渊给骗过去了，南游江都后竟让他担任了晋阳留守。

随着朝廷的局势一天天败坏，李渊尽管在表面上不露声色，实际上“素怀济世之略，有经纶天下之心”①，躁动的野心早就悄然膨胀起来了。大业十三年（617 年）夏，因为手下一名副手与突厥人作战失利，李渊害怕杨广降罪而惶恐不安，不知所措。这时，他刚成年的儿子李世民看出了蹊跷，便趁机劝父亲脱离朝廷自立：

“今主上无道，百姓困穷，晋阳城外皆为战场。大人若守小节，下有寇盗，上有严刑，危亡无日。不若顺民心，兴义兵，转祸为福，此天授之时也。”②

尽管李世民态度如此坚定，李渊仍然谨慎从事，经过再三权衡，只是勉强表示接受儿子的提议。不久，杨广果然降旨要把李渊逮捕，送到江都问罪。李世民趁机再次规劝父亲，终于使他坚定了自立的决心。但后来，杨广又表示要收回成命，赦免其罪，李渊的计划于是再度搁浅。

其实，李渊并不是想放弃自立，也不是优柔寡断，而是在暗中观察部下对他叛隋自立的态度。他一放缓自立计划，果然马上就有人提出异议。这些人日后都被李渊授予要职，成为其骨干将领。当然，李渊之所以放缓自立计划，另一原因可能是，除李世民之外，他的几个儿女当时都在外未回。

实际上，真正考验李渊的并非要不要叛隋自立，而是创业之后如何夺取天下。因为当时天下四分五裂，遍布全国的割据者都是他的竞争对手。为了达到目标，李渊必须慎之又慎，对每一步举措都得深思熟虑，精打细算。

如果说在举起叛旗之前，李渊第一步已经成功试探了部下的态度，那么接下来他还需策反当地的民众，一来争取民心，二来为日后创业招兵买马。李渊的办法是伪造杨广的诏书，以攻打高句丽为由，将周边 20 岁以上、50 岁以下的男子全部征集入伍，让他们年底之前在涿郡集结，借以激发百姓对隋朝的痛恨和仇视。诏书发布以后，果然人心惶

① 温大雅:《大唐创业起居注》。

② 司马光:《资治通鉴》，第 184 卷。

惶，策划造反的人日益增多。

不久，割据马邑的军阀刘武周联结突厥，进攻晋阳的汾阳宫。李渊由此得以借口御敌而招兵买马，很快就募得了私兵一万人。然后，他又迅速而果断地除掉两名受杨广指派、负责监视他的军官，完全掌控了晋阳城。对于北方的突厥人，他巧妙地以卑辞厚礼相结，很顺利地与始毕可汗化敌为友，还获得了对方的赞助。[①]

当年七月，起兵之事万事俱备。李渊于是以儿子李元吉为晋王留守，自统三万精兵出征，向长安进发。长子李建成、次子李世民随行。值得注意的是，他此次出征所打的旗号是“安隋”，而非“反隋”。这可能是为了麻痹其他竞争对手，以免自己成为众矢之的。此举凸显出李渊的老谋深算。

当然，在统军出发之际，李渊没有忘记另一件十分重要的事——写信招抚李密。当时，瓦岗军正牵制和抵抗着东都兵主力，而且屡次取胜之后，李密在中原声威大震。李渊认识到自己与李密已经站在反抗朝廷的同一条战线上，所以想拉拢他成为盟友。否则，关中尚未攻克，再多出一个像李密一样的对手，对他绝非好事。

路线之争

“往亦死，去亦死，未若乘船渡江水。”[②]

相传，大业十四年（618 年）初，杨广有一次在梦中从两小儿口中听到了这首歌谣，从此便难以释怀。从那时起，他有了建都丹阳、割据江东的想法。二十多年前，他还只是一位亲王，为了与长兄杨勇争夺皇储之位，也曾有过割据江南的想法。不过今非昔比，他那时的勃勃野心，到如今已只剩下一声无奈的叹息。

杨广想滞留江东，当然与江北的混乱局势有关。眼下，关中、华北

---

① 根据陈寅恪的考证，李渊实际和刘武周一样，已对突厥俯首称臣。见《论唐高祖称臣于突厥事》，载于《寒柳堂集》。

② 魏征等：《隋书》，第 52 卷《五行志（上）》。

等地已经硝烟弥漫，有二十多股叛军在那里割据自雄，尤其是瓦岗军崛起之后，江都通往关中的道路已经被隔断了。鉴于这种情况，杨广干脆放弃了重返江北的打算。但在那之前，他对自己的后路还没有清晰的规划，直到在梦中听到这首歌谣，才想到要把自己由全天下的皇帝降格为江东一隅的割据者。

他手下有朝中文武百官和十几万骁果，再加上江东财富阜盛，仅就实力而言，这些足以支撑他的想法。

当割据江东的想法日渐明朗之时，杨广试着在廷议时抛给大臣们讨论。但议题一抛出来，立马就在朝中炸开了锅。由于杨广本人未事先发表倾向性意见，大臣们迅速分化成了针锋相对的两派：一派以江南人虞世基为代表，竭力附和皇帝，迁都丹阳，割据江南；另一派以关中人赵才为首，竭力主张速返长安。

在主张速返长安的一派人中，有一个衡水人李桐客，还专门给杨广列举了滞留江东的缺陷：

“江东卑湿，土地险狭，内奉万乘，外给三军，民不堪命，恐亦将散乱耳。”

结果，两派人在朝堂上争得面红耳赤，直到最后不欢而散，也没有能形成一致结论。但细心者早就发现，赵才一派尽管在人数上占据优势，却并非强势的一方，皇帝的态度其实早就明朗了。这在不久前杨广对李渊进军关中的态度上就能略显一二。

李渊自大业十三年（617 年）七月起兵，到十一月就攻克长安，占领了关中。消息传到江都，使杨广倍感惊讶和振恐。这时，他不得不向裴矩询问应对之策。因为苏威被免官、宇文述辞世之后，在剩下的朝中“三贵”之中，虞世基和裴蕴都是文士出身，不谙军务，而且惯于阿谀奉承，扮演的多半只是执行者角色，唯有裴矩能时常给皇帝出谋划策，在这方面显示出独到的优势。

长安失陷，关乎国运盛衰。既然杨广对此事如此关切，还主动询问如何应对，裴矩也就只有坦诚相告：

“太原有变，京畿不静，遥为处分，恐失事机。唯愿銮舆早还，方

可平定。”①

自杨广驾临江都以来，裴矩这是第一次提出返还关中的建议。但对此，杨广根本没有任何回应。不久，裴矩又传达了屈突通战败、关中失陷的消息，杨广闻言失色，从此再也不提重返关中之事。

从这件事来看，杨广想滞留江南的态度已经十分明朗了。虽然赵才因为是朝中三品大员，没有当即遭到驳斥，但李桐客位卑言轻，杨广没必要给他留情面，很快就指示御史弹劾他谤毁朝政。这样一来，朝中大臣多数都明白了风向，于是纷纷上疏：

“江东之民望幸已久，陛下过江，抚而临之，此大禹之事也。”

赵才等人的意见就这样被迅速淹没了。事后，杨广下令营建丹杨宫，准备竣工之后定为都城。对此，文武百官至少表面上再也没有任何异议。

其实，杨广让主张返回关中的官员们缄口，并不能真正解决问题。因为在江东去留问题上，他最大的反对者并非赵才、李桐客等人，而是为数十几万的骁果禁军。他们多半是关中人士，追随皇帝来江都已经一年半多了，思乡之情日渐浓厚，从两个月前就陆续以逃亡方式表示抗议。杨广对此十分担忧，曾向裴矩咨询对策。裴矩的意见是：

“方今车驾留此，已经二年。骁果之徒，尽无家口，人无匹合，则不能久安。臣请听兵士于此纳室。”②

裴矩早就注意到了这个问题，其建议也得到了杨广的首肯。不久，杨广就下达了一份诏令，要求将江都境内的寡妇、尚未婚配的女子召集起来，任凭将士们喜欢哪个就娶走哪个。有些骁果本来就与当地的女子私通，只要肯提出，即将此女配给他为妻。就这样，骁果潜逃问题得到了暂时缓解。

尽管如此，裴矩的提议不过是扬汤止沸，只能短期奏效，不能长久解决问题。不少将士即便在江都有了家室，思乡之情也并未消弭。

---

① 司马光:《资治通鉴》，第 185 卷。

② 司马光:《资治通鉴》，第 184 卷。

没过多久，当得知杨广想永久滞留江东之时，骁果中又在酝酿一场潜在的危机，他们又开始陆续私自潜逃。不久前，杨广将一名率部潜逃的郎将追回后处死，以期达到杀鸡儆猴的效果，但还是阻挡不住将士们潜逃的步伐。

当时，扶风人司马德戡在军中任虎贲郎将，为将士潜逃之事伤透了脑筋。

在江都，司马德戡颇受皇帝宠信，很荣幸地被任命为东城骁果部队的统领。但他渐渐发现，这份差事并不好当。有时，他只能眼睁睁看着麾下骁果陆续逃亡，自己却无力制止，为此忧心如焚。他还有两名同僚元礼、裴虔通，也面临相同的问题。他们预计长此以往，后果不堪设想，而自己又无力解决，所以时常凑到一起，相互发牢骚。

司马德戡有一次对元、裴二人道：

“今骁果人人欲亡，我欲言之，恐先事受诛；不言，于后事发，亦不免族灭，奈何？”

当然，司马德戡的担忧还远不止此。关中沦陷后，杨广已经明确表示，关中官民凡是叛投李渊叛军的，其在江都的家属都要被处死。作为关中人，司马德戡当然担心自己会因家属投敌而丧命。元礼、裴虔通也是类似情况，所以当司马德戡谈及此事时，他们也十分担忧。

“然计将安出？”元、裴二人反问道。

“骁果若亡，不若与之俱去。”司马德戡回答说。

西进的尝试

大业九年（613 年），当杨玄感在黎阳举兵反隋之时，李密曾为他提出上、中、下三策：上策是直接奔袭辽东，擒贼擒王，将杨广堵死在那里；中策是带兵西进，攻取关中，与杨广争夺天下；下策是就近发展，攻取洛阳，再图后举。杨玄感先选了下策，后因进攻洛阳不力，又想改为中策，仍没成功，最终兵败身亡。

大业十三年（617 年），李密以数十万大军围着洛阳打转，有人也

深感忧虑。

当杨广先后从关中、河北、四川、江淮等地调兵遣将，增援洛阳之时，李密的谋士柴孝和首先注意到了朝廷的动向，认为朝廷既然以关中军救援洛阳，那么关中必然守备空虚。于是，他建议李密改弦更张，变更策略，提早剑指关中。这实际就是李密当初给杨玄感所提的中策。

“关中山川险固，当年刘邦凭此成就帝王之业。为今之计，不如让翟让驻守洛口，裴仁基守卫回洛，您亲带精锐西进长安。一旦攻下长安，您的基业就得到了巩固，兵势也更加强盛。然后，您再挥师东下平定河、洛，传檄天下，何愁帝业不成？若不提前行动，怕他人动手在先，那时悔之晚矣！”

柴孝和这次给李密建言，是杨广从关中抽调庞玉、霍世举两支人马去增援东都之后的事。当时，李渊进军关中的计划还在酝酿之中，尚未成型。李密其实老早就有进取关中的计划，但眼下却顾虑重重。他对柴孝和解释道：

“这的确是上策，我也考虑很久了。但我部下多是山东人，见洛阳未攻克，谁肯跟我西进？即便我带兵西进，留守众将都是草莽出身，内部不合，定会相互吞并，争个你死我活。那样，我们的大业就会毁于一旦。”

从以上分析来看，李密的担忧主要有两点：

其一，其麾下将士以山东人为主，因此前关中、山东、江南分裂隔绝四百年之久，他们在政治上认洛阳不认长安，在攻克洛阳之前，肯定不会跟李密转战千里，去长途奔袭关中。

其二，瓦岗军将士多是盗匪出身，本来就组织涣散，后来又加入许多朝廷降将，内部更是矛盾重重。各股势力同床异梦，基本靠李密出色的才干和凝聚力，才暂时被整合到了一块。一旦李密拥兵西进，他们群龙无首，难免会撕破脸，相互火并，那时就恰被东都官军坐收渔利。瓦岗军没攻克关中事小，后院起火事大，搞不好眼前的大好形势会被毁于一旦。

李密的分析不无道理。或许直到此时，他才对杨玄感当初的尴尬处境有深切体会。但柴孝和仍然不甘就此放弃西进关中的计划，鉴于李密的担忧，他又提出了变通意见，表示自己愿意代李密一行：

“既然您不能西进，那请允许我去窥探官军动向，以便乘机进攻。”

对于柴孝和的毛遂自荐，李密当然乐观其成，并立马拨付给他几十号人马。对李密而言，这几十号人马如九牛一毛，柴孝和此行如果能成功固然是好，即便失败了，也无关紧要。

柴孝和就带着这几十号人马出发了。手中人马虽少，但凭着李密和瓦岗军这块响亮的招牌，他一路上增军扩编，根本不在话下。等途经陕县之时，归其麾下的各股山贼已经多达一万余人。前方不远，就是关中的门户——潼关了。

如果顺利抵达潼关，柴孝和的计划无疑就成功了一大半。但他万万没料到，就在这时，瓦岗军围攻洛阳遇到了大麻烦。李密在一次作战时被敌箭射中，身负重伤，被迫卧床休养。东都援军恰于此时赶到，趁机在夜间发动了袭击。瓦岗军仓促应战，主帅又负伤未出，结果大败，人员伤亡过半。战后，李密被迫将军队撤出了回洛仓。

此战影响所及，瓦岗军本部虽然不至于军心动摇，但慑于李密和瓦岗军声威而归附柴孝和的盗匪们，却立马作鸟兽散了。柴孝和一夜之间成了光杆司令，无奈之下，只好打道回府。

尽管一个月后，瓦岗军又在东都乐平园之战中大获全胜，给敌军以重创，回洛仓也失而复得，但从那之后，随着杨广所派江都通守王世充、河北大使韦霁、河南大使王辩、河内通守孟善谊、河阳郡尉独孤武等各路援军相继抵达洛阳，瓦岗军的压力骤然增大，西进关中之事再也没有被提上日程。

瓦岗军的西进计划就此搁浅了。没过几天，李密从李渊派来的使者那里得知了对方正进军关中的消息。

在那之后，还有一个建议瓦岗军改变策略之人，名叫徐洪客，是一个名不见经传的泰山道士。

当时，山东、河南等地惨遭水患，百姓流离失所，饥不择食。杨广身在江都，心系灾区，下诏开黎阳仓放粮，赈济灾民。但由于鞭长莫

及，当地官员极不负责地应付了事，每天饿死的百姓仍有数万之多。李密见机，便接受骁将徐世勣的建议，令他联合其他几股盗匪，一同攻破黎阳仓，然后慷慨放粮赈灾。浃旬之间，李密就得到了精兵二十余万，武安、永安、义阳等郡也相继归附。

这时，尽管瓦岗军实力大增，一日千里。但道士徐洪客隐居江湖，却一眼窥破了其中的隐忧，认为“大众久聚，恐米尽人散，师老厌战，难可成功”，于是致信李密，劝他“乘进取之机，因士马之锐，沿流东指，直向江都，执取独夫，号令天下”。①

其实，徐洪客的提议，与李密当初建议杨玄感提兵北上辽东并无二致。李密当然知道这是上策。尽管如此，因为与不及早进兵关中同样的担忧，这项提议仍旧不能付诸实施。宝贵的机遇，就这么悄无声息地溜走了。

虽然徐洪客的意见未被采纳，但像他这样的才智之士，李密却不想弃而不用，白白浪费。于是，李密写了一封回信，想延揽徐道士出山，加盟瓦岗军，一同打天下，但对方早已不知所终。李密只好作罢。

宇文智及的阴谋

在江都期间，随着时局日益恶化，杨广时常担忧自己会遭遇不测。为了维护自己的帝王尊严，他预先自备了毒药，准备一旦落入敌手，便饮鸩自尽。但他说什么也没想到，对他下毒手的竟是自己人。

大业十四年（618 年）三月，悲剧真的发生了，尽管有些不可思议。很多年后，人们对这次事变重新检讨，发现此事的导火索只是司马德戡的那一句牢骚。但它的分量太大了，竟引起了众骁果的普遍共鸣。

最初，司马德戡只是向元礼、裴虔通两位同僚表达自己的忧虑，不料元、裴二人竟十分认可他的主意。而且，司马德戡的意见还在持续发酵，在众骁果中迅速扩散蔓延，以至于后来，有大批军官聚集在大庭广

① 司马光：《资治通鉴》，第 184 卷。

众之下，明目张胆地商讨叛逃之事，旁若无人。但直到那时，他们还只是想逃亡关中故乡，直到后来宇文智及也参与了进来，他们的计划才变质。宇文智及对众人分析道：

“主上虽无道，威令尚行，卿等亡去，正是自取灭亡。今天实丧隋，英雄并起，同心叛者已数万人，因行大事，此帝王之业也。”①

司马德戡等人本来经过策划，将逃亡日期都定好了，但一听宇文智及的分析，大觉有理，立马放弃了原定计划。

宇文智及是宇文述的次子，顽劣凶险不在长兄化及之下。对于他的奸猾狡诈，连父亲宇文述都感到忌惮。之前宇文化及与突厥人做生意，实际都是智及背后主使的。宇文述身为宰相，眼光老练，对儿子的脾性十分了解，长子化及虽然凶险，但内心怯懦不堪，这虽不是什么好事，倒不至于惹出什么大祸端，而智及在顽劣之外，既奸猾又有野心，将来必是败家之主。所以，两人同样犯错，宇文述对化及多是回护，但对智及则睚眦必究，动辄鞭笞相加，甚至有几次想亲自动手，除掉这个孽子。

拿与突厥人做生意这事来说，杨广本来想对化及、智及兄弟明正典刑，转念一想又投鼠忌器，还得顾虑宇文述的态度。宇文述一个劲儿为长子化及开脱，将全部罪责推在智及身上。最后，杨广将两人都予以免死。后来，宇文述在弥留之际，又言及智及凶悖，将来有败家之虞，但杨广未予留意。

在这件事上，宇文述算是有先见之明。但杨广对宇文化及、智及兄弟了解不多，又顾念宇文述人之将死，之前跟了自己一辈子，最后不但没有处死智及，反而将兄弟两人又各授官职。但他当然不会想到，自己就这样给将来的一场大悲剧预埋了伏笔。

尽管那次杨广对宇文智及网开一面，没有将其处死，但智及不但不思感恩，反而由此萌发反逆之心。司马德戡等人受了他的蛊惑后，决定铤而走险，推翻杨广。不过，在举事之前，他们还得解决一个比较棘手

① 魏征等:《隋书》，第85卷《宇文化及传》。

的问题——立谁为新主？司马德戡、元礼、裴虔通肯定不行，因为其出身、地位根本不足以服众。思来想去，众人将目光又转移到了宇文氏兄弟身上。

宇文氏是朝廷统治集团的核心家族，根基深厚，势力庞大。宇文述生前官至宰相，是名副其实的朝中“五贵”之一。让宇文化及兄弟出面，自然是众望所归，可以事半功倍，大大增加成功机率。于是，经过一番紧锣密鼓的商讨之后，众人纷纷将宇文化及推向台前，来主持大计。这样，等于宇文智及只用了一席话，就将几万骁果掌控在了他们兄弟手中。

至此，这场变乱已经被发动起来了。宇文化及手握几万骁果，还得到不少官员、将佐的支持。尽管如此，因为仍有不少骁果、大臣不肯归附其麾下，他们还远不能稳操胜券。实际上，他们从一开始就阻力重重，曾先后遭到多次阻挠。

最初，宇文智及、司马德戡等人在商讨结伙潜逃之事时，过于明目张胆，在大庭广众之下毫不忌讳，结果被一名宫女探得了消息。那名宫女听到消息后惊慌不已，立马先禀报给了萧后，后又传达给杨广。不料，杨广的反应却令人大跌眼镜，面对如此严峻事态，他不是先去调查消息的真伪，并据以采取应对之策，而是以掩耳盗铃的态度对待其事，不准备采取任何行动。

“说了不该说的话！”

杨广只责问了这么一句，然后就下令处死了那名宫女，这就是他在叛乱前夕唯一的处置措施。与其说是宫女越职，倒不如说他已没有直面现实的勇气了。萧后十分了解丈夫的脾性，也知道如今局势如此混乱，他也回天乏力。所以，之后再有人想通过她向杨广奏报叛乱之事时，她转而这样回答他们：

“天下的事情一旦到这儿，无可救药，还用说什么呢？只不过让皇上分忧！”

这次有望阻止叛乱的机会，杨广就这样失之交臂，白白错过了。之后，宇文化及等乱党开始加紧密谋造反之事。司马德戡为了能拉拢更多的追随者，特意派人到骁果中散播这样一条谣言：

“皇上听说骁果想反叛，酿了很多毒酒，想利用宴会毒死他们，只和南方人留在江都。”

众骁果因为不知内情，闻言惶恐不已。司马德戡见军心已乱，心知时机成熟，便将之前商定的叛乱计划和盘托出。众骁果群情哗然，纷纷表示唯司马德戡之命是从。一场精心谋划的叛乱，就这样被鼓动起来了。

当晚三更时分，等一切部署妥当，宇文智及先带领一千余人，控制了宫城外的大街小巷；司马德戡在东城集结了数万人，也赶紧点起火来，与城外遥相呼应。杨广当时身在宫中，只见宫外火光冲天，喧嚣不止，心下暗自惊疑。他本想派人去打探情况，但夜间宫城内外隔绝，只好作罢。裴虔通当时就陪在皇帝身边，怕他心中起疑，便随口胡诌了一个理由：

“草坊失火，外面的人一起救火呢。”

裴虔通在朝中虽然官品不高，但已追随杨广二十多年，一向受到信任。经他这么一解释，杨广的疑虑顿时就被打消了。

杨广之死

事发当晚，江都宫内外如往常一般沉寂。除了东城起火之外，杨广未发现任何异常。但其实还是有人发觉了事有蹊跷，并想设法阻止叛乱。

杨广的一个孙子杨倓，才十六岁，在察觉情况不对后，想入宫禀报祖父。但到玄武门时，裴虔通等人将其挡住了。他只好胡乱回答称：

“我突然中风，就要死了，请允许我当面向皇上告别。”

杨倓只是一个少不更事的孩子，遇事慌乱，竟编了这么一个荒唐的理由。裴虔通一眼就看穿了他的心思，不但没有放行，反而把他拘禁起来，然后继续实施既定计划。次日黎明前，他从司马德戡处得到一小股骑兵，准备驱赶撤换守卫各宫门的卫士。右屯卫将军独孤盛发现他来头

不对，当即上前质问：

“这是什么队伍，行动如此怪异？”

“事已至此，不关将军之事，希望您不要轻举妄动！”裴虔通回答道。

老贼，你这说的什么混账话！”独孤盛大骂对方道。

独孤盛一心忠于朝廷，骂完之后，连铠甲都来不及披挂，就与身边十几个军士和对方对战起来。十几人虽然忠勇可嘉，但毕竟寡不敌众，很快死于乱兵之中。

当晚，千牛独孤开远也觉察到了事有异常。但他没有直接向叛军开战，而是聚集了几百名殿内兵，直奔玄武门，想去救杨广。抵达目的地后，他从阁外扣门，奏请杨广道：

“如今武器完备，足以破贼。陛下若能亲自临敌，人情自然安定，否则就祸在眼前了。”

眼下情势危急，独孤开远言之切切，但杨广或许是在慌乱之中被吓破了胆，或许对独孤开远的忠心存有疑虑，根本就没有开门，对独孤开远的请求也置之不理。门外几百名前来救驾的殿内兵见状，一下子就作鸟兽散了。独孤开远孤掌难鸣，最后成了叛军的俘虏。

其实，玄武门本来不至于如此轻易就陷入敌手的。杨广之前为防不测，曾挑选了几百凶猛矫健的官奴，将他们训练成一支专门防卫玄武门的特种部队，赐号“给使”。他们享受优厚的待遇，被安置在玄武门应对突发情况。但事发当晚，这支部队却无一人在场。原来，宇文智及等乱党份子提前收买了杨广身边一个姓魏的司宫，当天指使其假传圣旨，给所有“给使”放了假。这样，“给使”这道屏障就完全失去了效用。

从因告发叛乱而被杀的宫女，到被监禁的皇孙杨倓，再到勇斗叛军的独孤盛和独孤开远，都曾为阻止叛乱而努力，但先后都失败了。此后，杨广能否摆脱这场厄运，就取决于虞世基能否把握住最后一次机会了。

叛乱发生之前，江阳县长张惠绍也得到了消息，并转告给了裴蕴。两人经过商量后，认为只要假传圣旨，调集江都城外的军队逮捕宇文化及等人，就可以敲开城门营救皇帝。但该计划能否实施，关键还得看虞世基的态度，因为圣旨的拟定和发布一向是由他负责的。

于是，张、裴二人就将计划透露给了虞世基，希望他尽快发布假圣旨，搭救身陷囹圄的皇帝。但不料，在这千钧一发之际，虞世基还在怀疑是否真有叛乱之事。更令人大跌眼镜的是，他犹豫了一阵，竟将报告压了下来，根本没有回复。他可能在担心，若是没有叛乱而假传圣旨，自己会罪无可赦。

到这时，杨广的命运已经没有悬念了。当时，他得知有人造反，慌忙换掉衣服，躲进西阁避难。裴虔通、元礼随后也带兵进来，一开始死活寻不见杨广，后来在一名宫女的指引下，终于找到了。裴虔通是杨广旧部，早在其当太子之前就已追随他。杨广说什么也料不到他会造反，当场惊讶地问道：

“你不是我的敌人！有什么怨恨而反叛？”

“臣不敢反，但将士想回家，想送陛下回京师罢了。”裴虔通答道。

“朕想回去，只是因为上游的米船未到，现在与你回去！”

这时，杨广还想和裴虔通套套旧情，试探着缓和一下对方的情绪。但对方根本不吃他这一套，当场就把他给逮捕了。

次日黎明，宇文化及骑着高头大马被迎接入城。司马德戡等人将其迎入朝堂，以“丞相”相称。不一会儿，杨广也被裴虔通等人以刀剑相逼，进入了朝堂。宇文化及却扬言道：

“还带他来干什么，赶紧结果了吧。”

于是，裴虔通、司马德戡等人又将杨广押回了寝殿。杨广自知末路将至，对众人叹息道：“我犯了什么罪到这里？”

话音刚落，乱党份子马文举就回答道：

“陛下违背宗庙，不停地巡游，外勤征讨，内极奢淫，使丁壮都死于刀箭下，女弱填于沟壑，民不聊生，盗贼蜂起；专门任用奸佞之人，掩饰过失拒绝进谏；怎么说没有罪呢！”

对于这些话，杨广无言以对。但随后，他又换了一个角度，责问众人道：

“我实在对不起百姓；至于你们这些人，荣禄都达到顶点，为什么

要这样！今日之事，谁是主谋？”

接下来，司马德戡的回答极具艺术性：“普天下的人都怨恨，何止一个人！”

对话结束，众人持兵刃慢慢向前逼近。杨广之前早就自备了毒药，一直随身携带着，准备一旦事有不虞，便自行了断。但这次事发突然，他在慌乱中派人去找毒药，却因左右侍从早已逃散，最终没能找到。情急之下，他对众人大喊道：

“天子自有死的方法，怎么能用锋利的兵器！取鸩酒来！”

但众人根本就不理睬他。于是，杨广从身上解下自己的练巾，扔给叛党，就此结束了自己的一生。

李渊攻占长安

大业十三年（617 年）秋，李渊是在进军长安途中收到李密回信的。当时，漫天大雨已连续下了十多天，仍没有停息的迹象，前面又有两支关中防卫军阻路，使李渊被迫停止进军。

李渊遣使联络李密，本来是想招他共同进攻关中，但李密对此兴趣不大，其回信远未达到李渊的期望。当时，李密自恃兵强，正竭力争取义军盟主之位，还希望李渊亲至河内，双方面结盟约，共同完成“执子婴于咸阳，殪商辛于牧野”的盛举。

但李渊对此显然不屑一顾。看完李密的回信，他只是笑了笑，自忖认为：

“李密妄自尊大，只凭一纸书信难以招附。眼下我在关中正有战事，若断绝与他来往，等于是多树了一个敌人。我不如用奉承之语吹捧他，以骄其心志，让他牵制住东都军，这样我就可以专心西征。等拿下关中，我据守险要之地，养精蓄锐，坐观鹬蚌之争而收渔人之利，也为时不晚。”

李渊眼光老练，准确拿捏了李密狂妄自负的心理，于是再次派人致信，称：

“我平素暗昧，靠继承祖业才有了今天。现在国家有难，我召集义兵，志在安顿朝廷。天生黎民，必须有人治理，目前来看，此人非你莫属。我已年届耳顺，无此心愿，能拥戴你就算攀麟附翼了。希望你早日定天下，安万民，到时还把我封在晋阳。至于你说会盟立誓、除暴政安天下，我是不敢响应的。”

李密就这样被李渊轻易瞒过了，还被他吹捧得昏昏然。他将李渊的回信视为莫大鼓舞，并高兴地遍示众将佐：

“唐公见推，天下不足定矣！”

以表面的臣服麻痹李密后，李渊成功打消了其对自己进军关中戒备和敌视的态度。但眼下，他却陷入了进退两难的境地。除前方敌军和大雨阻路之外，他军中的粮草也将告罄。李渊一筹莫展，只好召集众将佐前来商议。

首先发言的裴寂认为：隋军在关中据守险要，唐军强攻毫无胜算；李密表面看似友好，实则奸诈难测，说不定哪天就会偷袭唐军后方；突厥始毕可汗联合刘武周，一直对唐军的老巢太原虎视眈眈，造成极大的威胁。所以，唐军既不应继续进军关中，也不该再在原地逗留，而应先撤回太原，巩固根本，以后择机再举。

但李世民针锋相对，对裴寂的意见进行了逐一反驳。他的分析见解独到，态度坚决，更得到兄长李建成的支持，极具说服力：

“今禾菽被野，何优乏粮！关中守将轻躁，一战可擒。李密顾恋仓粟，未遑远略。武周与突厥外虽相附，内实相猜。武周虽远利太原，岂可近忘马邑！本兴大义，奋不顾身以救苍生，当先入咸阳，号令天下。今遇小敌，遽已班师，恐从义之徒一朝解体，还守太原一城之地为贼耳，何以自全！”①

李渊最初认可裴寂的意见，但经李世民一再坚持，后又回心转意，等雨停后继续进军。一路上，唐军实际没遇到几次像样的抵抗，仅两个月后就出现在了长安城下。而且，经过沿途的几次扩编，他们已经发展

① 司马光:《资治通鉴》，第 184 卷。

到十几万人马。

更令李渊喜出望外的是，他有个女儿之前在长安，人称“李娘子”，听说父亲起兵后，也暗中散施家财，招兵买马。她打着李渊的旗号，逐次收编关中群盗，竟集结起一支多达七万人的队伍，在长安周边攻城略地，准备与父亲里应外合。不久，李世民的先头部队率先抵达关中，她率领一万精兵前来汇合，使李世民惊愕不已。

当年十月，李渊率领二十万大军抵达长安东门外，一声号令，将长安紧紧围困起来。主持长安防卫的卫文升年迈不堪，听到消息竟一病不起，没多久就去世了。隋军名义上的主帅杨侑，少不更事，根本无力组织有效的抵抗。十几天后，唐军便顺利攻破了长安城，杨侑被俘。

这次出兵，李渊的战略目的至此基本达到了。但他为避免在舆论上成为其他竞争对手的众矢之的，一时没敢推翻隋朝，而是继续打着之前“安隋”的旗帜，将俘虏杨侑推到台前，立为新皇。而远在江都的杨广，自然也就被架空成了太上皇。李渊自己得到的名号有尚书令、大丞相、唐王。

实际上，年幼的杨侑只是个傀儡，朝廷所有大权实际都掌握在李渊手中。接下来，他以几个儿子为将，四面出击，大肆拓展唐军的占领区。

瓦岗军兵败归唐

大业十四年（618 年）盛夏，当杨广遇害的消息传来，李密还没有攻克东都。

本来在年初，瓦岗军在狂胜王世充之后，是有希望一鼓作气拿下洛阳的。李密却突然调转了矛头，去招抚周边的各股盗匪，向黎阳以东拓展地盘。他可能认为，东都的防御力量已经损失殆尽，而且士卒斗志松懈，只要假以时日，等其内部生变，洛阳迟早会成为自己的囊中物，因此没必要急于进攻。但到夏天时，宇文化及西进的消息传来，他再想进攻洛阳就没那么容易了。

宇文化及西进当然是应十几万骁果的要求。他们的想法很简单，只是因为思乡心切，想尽快赶回关中。但这在当时根本是不切实际的妄想，因为他们要接连穿越瓦岗军和东都洛阳两重阻碍，而且关中也早已被李渊所占领。但所有这些，似乎都不在他们的考虑范围之内。

当时，杨广遇害的消息已经传到东都，那里的隋朝留守官员怀着沉痛的心情给他发丧，并封谥号“明帝”、庙号“世宗”，然后又给杨侑举办了隆重的登基大典。之后，他们一听说宇文化及西来，顿时开始紧张起来。只一个瓦岗军尚且不易对付，再加上十余万骁果，他们就更难抵御了。

对于宇文化及西进，瓦岗军的紧张程度不在洛阳当局之下，因为宇文化及得先路过瓦岗军的地盘。这样一来，宇文化及和洛阳当局一东一西，就形成了对瓦岗军的两面夹击态势。李密本来还感觉形势一片大好，谁知一夜之间风云突变，这下得先考虑如何自保了。

不久，李密得到东部传来的消息，称宇文化及已经向黎阳发动进攻，形势万分危急。瓦岗军只一个洛阳都久攻不克，当然不足以两面拒敌。鉴于宇文化及兵势强劲，李密只好先率主力去黎阳迎战他的十几万骁果精锐。但这样一来，他又担心东都兵随时可能突袭其后方。

就在李密一筹莫展、进退两难之际，不料东都竟主动伸出橄榄枝，派了一个名叫盖琮的使者，前来谈判和解。这当然是杨侗和他的一帮大臣们共同商定的结果，而盖琮就是最初的提议者。他们最终商定的计策是：

“皇帝被宇文化及所害，而东都的兵力又不足以报仇，不如赦免李密之罪，让他们两贼相斗。等宇文化及一败，李密也会疲弊不堪，到时东都便可坐收渔利。”

当盖琮传达了东都的和解意愿时，李密大喜过望，马上就派出两名使者回访。最终，他从东都获得了“魏国公”“尚书令”“太尉”等一系列头衔和对各路叛军的征伐大权。而且，杨侗还给他许诺，只要他能击败宇文化及，就可以到东都辅政。

对洛阳当局和瓦岗军而言，和解无疑是一个重大利好的方案。和

解达成后，李密调集麾下精锐去迎战宇文化及，就没有了后顾之忧。等瓦岗军精锐抵达黎阳后，经过短暂的相持，他只用一天工夫，就成功击溃了宇文化及的十余万骁果，还收编了其中两万多人马。宇文化及兵败之后，没了底气，只好带着所剩两万残兵向北撤离，从此不敢再谋求西进。

这是李密一生当中最为辉煌的时刻。而且，接下来他就可以去东都辅政，实际意味着以和平方式控制东都，这在之前可是他做梦都得不到的。但憧憬可以无限美好，当行至半途时，他却突然接到了一个令人震惊的消息：王世充刚刚发动政变，控制了东都朝政，所有赞同与李密和解的官员都已遭到清洗，杨侗也被架空成了傀儡。

原来，就在李密与宇文化及于黎阳大战之时，东都官员与李密和解问题爆发了一场大争论。他们当中大多数认为，凭李密的军事才能，东都只要跟他合作，很快就能够平定天下，因此很乐意李密战败宇文化及后到东都辅政。但王世充对此却嗤之以鼻：

“依我看，他们将来必定会被李密所擒。我的军士屡次与李密作战，杀其父兄子弟甚众，一旦李密入东都辅政，我们成为其下属，就没有活路了！”

这两种意见针锋相对，势如水火，相持不下，终于引发了一场政变。支持与李密合作的东都官员本想设计除掉王世充，无奈事先泄露了风声。王世充由此得以先发制人，提前发动政变，将其政敌一网打尽，全部清洗，进而独自掌控了东都的朝政。

洛阳落入王世充之手，意味着李密和平主宰东都的计划落空了。不过，他根本没把这当回事，甚至乐观地认为，东都军之前连战皆败，眼下将相之间内讧不止，最近又发生饥荒，瓦岗军平定洛阳只在朝夕之间。但他忽略了一点：瓦岗军在击败宇文化及之后，声势虽如日中天，但精兵良马损失过大，士卒疲敝，实际已如强弩之末。

而此时，王世充却决定孤注一掷，与瓦岗军决一死战。当年九月，他厉兵秣马，从东都兵中精拣了两万多精锐，鼓舞士气后，就向瓦岗军直扑了过来。出兵之际，他以一篇简短的演讲来鼓舞士气：

“今日之战，不仅仅是争胜负；生还是死，在此一举。如果胜了，富贵固然不论；如果败了，必无一人幸免。所说的死，不仅为国家，各位要更加努力！”

王世充还敢主动进攻瓦岗军，这大大出乎李密的预料。李密在意识到敌军出奇地精悍之后，最初想避而不战，迁延时日，以期能拖垮对方，不战而屈人之兵。但他麾下众将却意见不一，多数认为瓦岗军人多势众，应该主动迎敌。在众将的怂恿之下，李密最终放弃了最初的正确意见，决定亲自带兵迎战王世充。

李密这次迎战王世充，是明显轻敌了。等到开战之时，他们才体会到东都兵是何等骁勇。两阵对圆之后，瓦岗军还没列好阵势，敌军就横冲了过来。瓦岗军根本无力抵御，顿时乱成了一团，他们之中有一些本是宇文化及降部，一旦见势不妙，马上就见风使舵，投降了王世充。当李密败退到河阳之时，他麾下只剩下两万残兵败将。

此次作战，是王世充与瓦岗军的最后一次大战。李密显然不甘心失败，还想着要重新召集旧部，重整旗鼓，南阻黄河，北守太行山，东连黎阳，以图东山再起。但众将对此均持消极态度，他们纷纷怨叹道：

“现在军队刚失利，很多人担忧害怕，如果再停留，恐怕不到一天就会全部叛变。同时大家不情愿，也难以成功。”

李密见众将如此言语，情知人心已散，大业难图，顿时也消沉了下来，对众人叹息道：

“我所依靠的是大家，大家既然不愿意，我也就到穷途末路了。”

李密说完，就也就到要拔剑自刎，以谢众人。王伯当一把把他抱住，相拥悲泣，旁边众将无不失声痛哭。李密又转而对众将道：

“大家有幸不相互抛弃，就当一起回到关中；我李密虽无功劳，但大家一定会富贵。”

这就是瓦岗军的结局。

当李密率领两万残部西进时，他们仿佛看见一颗新星正从长安冉冉升起，那便是李渊新建立的唐朝。

大事记（七）

大业十三年（617年）

5月，杨广从关中调兵救援东都，大败瓦岗军。柴孝和劝李密进军关中，不果。

6月，李渊起兵于晋阳，向突厥称臣求援。李密于平乐园大破东都兵。

7月，杨广从西川、江淮、河南、河北等地调兵，讨伐瓦岗军。李渊带兵3万进军关中。李轨起兵于武威，败薛举，尽有河西五郡。

9月，河南、山东大水，饿殍满野，死者每日数万。李密听取徐世勣之计，袭破黎阳仓，得胜兵20余万。各路援军抵达洛阳，共有10余万兵力，俱受王世充节度。

10月，李密与王世充战于洛北，先败后胜。

11月，李密设宴杀翟让。李渊以20万兵力攻破长安，扶立代王杨侑为帝，尊杨广为太上皇。李渊自为大丞相、唐王。

12月，李渊派李孝恭招慰山南，击破朱粲，招附巴蜀30余州。李密大破王世充，越王杨侗为王世充增兵7万。

隋大业十四年、唐武德元年（618年）

1月，王世充击李密，大败，损兵数万，不敢复战。李密拥兵30余万，窦建德、徐圆朗、裴仁基等上表请正位号，李密不许。

3–4月，杨广下令修建丹杨宫，欲割据江东。司马德戡、宇文智及等率骁果反叛，杀杨广。宇文化及拥众十余万，自称大丞相，立杨浩为帝，欲西返关中，中途被瓦岗军所阻。

5月，杨侑禅位，李渊在长安称帝，国号唐。杨侗在洛阳即位，追谥杨广为“明皇帝”，庙号“世祖”。

6–7 月，李密与东都达成和解，后与宇文化及部大战于童山，败之。宇文化及率余众两万北上。王世充在东都发动政变，铲除政敌，独掌朝政。

9 月，王世充以精兵两万攻瓦岗军，李密兵败降唐。宇文化及杀杨浩，自立为帝，国号许。唐追谥杨广为“隋炀帝”。

12 月，西突厥处罗可汗脱离宇文化及，降唐，封归义王。李密叛唐，拥众东行，至熊州遇袭身亡。

后记：隋朝灭亡的五个维度

一直以来，人们在讨论隋朝灭亡的原因时，多数将其归结为：隋炀帝的暴政使阶级矛盾激化，从而引发了农民起义，最终埋葬了大隋王朝。从魏征、司马光、王夫之①、岑仲勉②、胡绳③、范文澜④等，都是这种观点的支持者。该观点实际将暴政视为隋朝灭亡的罪魁祸首，而将农民起义视为埋葬隋王朝的核心力量。

但事实真就如此吗？

美国汉学家查尔斯·本在《中国的黄金时代——唐朝的日常生活》一书的开始，简要回顾了隋朝灭亡的经过：

“612—614 年，隋炀帝三次攻打高（句）丽，耗费了大量的人力、物力以及资源。这些战争引发了中国北方人民的不满情绪，并最终引发农民起义。朝廷官兵节节败退，隋朝被迫南迁至扬州。大业十三年（617 年），隋炀帝撤离北部的都城洛阳后，太原留守、唐国公李渊趁势起兵晋阳，向西南方向进发，占领了西部都城。”⑤

---

① 秦与隋虐民已亟，怨深盗起，天下鼎沸而以亡国，同也。——王夫之《读通鉴论》第十九卷

② 隋亡以经济崩溃、农民起义为主因——岑仲勉《隋唐史》，河北教育出版社，第 75 页。

③ 在隋朝，农民不仅给那会享乐的炀帝筑成了一条运河，使他能到江南去寻欢，而且也给他筑成了坟墓，把他推向死亡。——胡绳《二千年间》第四章第一节

④ 农民起义终于推翻了隋炀帝的残暴统治——《中国通史》，范文澜、蔡美彪等著，第三编第一章第四节。

⑤ 查尔斯·本《中国的黄金时代——唐朝的日常生活》，第一章，第 1 页。

这段记述简明扼要，实际交代了导致隋朝灭亡的三个要点，即对外战争引发农民起义、统治中心转移（放弃关中本位政策）、关陇集团的内部斗争。

除此之外，还有两点应该被充分考虑：

其一，隋朝最晚在617年年底，还牢牢控制着长安、洛阳、江都三个据点，除杨广本人镇守江都之外，长安、洛阳防务的主持者杨侑、杨侗，都是十几岁的孩子，根本无力肩负重任，结果先后成为傀儡和俘虏，致使隋朝名存实亡。这反映出在经历了开皇末至大业初激烈的权力斗争之后，杨氏统治家族已经后继无人，无力维持庞大的家业。

其二，在大业七年（611年）之前，杨广的统治虽然政绩卓著，可圈可点，但也存在“夸大狂”（钱穆语）、劳民伤财等弊病，这与他的独特性格、统治作风息息相关。而从大业八年（612年）起，杨广一再疯狂地征伐高句丽，这又反映出他的病态心理，后经杨玄感之乱、雁门之围，他对时局完全丧失信心，从洛阳躲到江都，在长达两年多的时间内消极无为，坐以待毙，直至覆亡。这些都反映出杨广在性格和统治作风上的严重缺陷。

可见，隋朝的灭亡并不是由单一因素造成的，而是多种因素综合作用的结果。这些因素至少应包含这么几点：杨广的性格缺陷、杨氏家族的长期内讧、关陇集团核心家族的争斗、放弃关中本位政策、地方叛乱势力的打击。

下面，我将分别从这五个维度探讨隋朝的灭亡。

杨广的性格缺陷

杨广终年50岁（569−618年）。在43岁之前，他几乎一直处在顺境之中，即便稍有挫折，也能轻而易举地顺利克服。

在杨广12岁之前，隋朝尚未建立，关于他的事迹史籍中记载甚少，我们仅知道他自幼“美姿仪，少敏慧”[①]，在兄弟五人中被父母所钟爱，

① 魏征等:《隋书》卷三，炀帝纪（上）。

由此被封为雁门郡公。隋朝建立后，杨广被封为晋王，依然受宠，并相继获得并州总管、大将军、上柱国、河北道行台尚书令等职。在此期间，他表现出“好学，善属文，沉深严重”① 的特质，生活俭朴，不好声色，由是“朝野属望”，时称仁孝。开皇八年（588 年）冬，杨广年方弱冠，即以行军元帅的身份，统兵 51.8 万大军伐陈，不出月余即平定江南，重新统一中国。开皇十年（590 年）起，他转任扬州总管，从事安定江南局势的工作，耗时十年，在消除江南与中原文化隔阂方面取得了突出成绩。在此期间，他还领衔群臣上书隋文帝封禅泰山（595 年），奉命率军抵御突厥（600 年），均大获成功。当然，这一时期最重要的事件还是他从独孤皇后、宣华夫人、杨素等人入手，图谋取代兄长杨勇的太子之位，并且完全达到了目的。此后，他又于仁寿二年（602）施计废掉了四弟杨秀，于仁寿四年（604 年）发动政变，从隋文帝手中夺取了皇位，并成功扑灭了五弟杨谅的叛乱，至此其帝位终于稳固下来，可以说是一帆风顺。

以上是杨广即位之前的经历。从这一系列事件中，我们可以看出杨广富有野心、敢于冒险、隐忍克制、善于伪装、心狠手辣等品质。只是长期未遇大挫折，他性格中的缺陷还得不到充分暴露。

杨广即位之后，首先，此前弑兄害父、谋篡皇位的种种劣迹，促使他想短期内做出一番政绩，借以取得大臣和百姓的支持和拥护，同时也证明自己御宇天下的正当性。其次，他当时年方 35 岁，年富力量、精力旺盛，又是理想远大、勇于尝试、极富个性的君主，在即位之前就描绘了“掩吞周汉”、比肩秦皇汉武的理想。再次，隋文帝生前励精图治，奠定了隋帝国安定、富庶的基础，也给他提供了肆意发挥、任意驰骋的外在条件和环境。

基于以上诸多因素，杨广甫一即位就改年号为“大业”，迫不及待地落实自己的远大理想，在短短七年时间之内，先后在营建新都（605 年）、修订律法（607 年）、改革官制（606—607 年）、开创科举（607

① 魏征等：《隋书》卷三，炀帝纪（上）。

年）[1]、修撰书籍（605—615年）[2]、修缮长城（607、608年）、开凿运河（605、608、610年）、安抚江南（605—606年、611年）、征服林邑（605年）、降服东突厥（607年）、经略西域（605—609年）、消灭吐谷浑（608—609年）、分裂西突厥（611年）等方面，取得了一系列前代帝王难以企及的辉煌成绩。

但同时，上述条件再综合其他因素，如即位前长期娇纵、养尊处优、一贯好动等，也为杨广这一时期的执政埋藏了潜在的危机：

第一，因杨广理想过高，急于求成，又奢华铺张、肆意挥霍，将诸项事项安排得过于紧凑，所消耗的人财物力资源过多，超过了民间的承受能力。比如，大业元年（605年）营造东都，“每月役丁二百万人”[3]；大业三年（607年）巡行突厥，随行“甲士五十余万，马十万匹，旌旗辎重，千里不绝”[4]；大业四年（608年）开凿永济渠时“发河北诸军五百余万众”，“丁男不供，始役妇人”[5]。如此大规模而又频繁地役使百姓，势必加剧阶级矛盾，造成民间力量的不满和反抗。钱穆将此称为“隋炀帝的夸大狂”，认为这是他“深深染受南方文学风气之熏陶”的结果[6]。

第二，短期之内取得辉煌成就和骄奢淫逸的作风，助长了杨广狂妄自大、独断专行的统治风格。在他即位之后，周围慢慢形成了一个由苏威、宇文述、裴蕴、裴矩、虞世基（即所谓朝中“五贵”）组成的核心集团，除裴矩扮演智囊角色，能经常性提供决策建议之外，宇文述、裴蕴、虞世基都是不折不扣的趋炎附势、阿谀奉承之辈，苏威偶尔劝谏皇

① 据《通典》第14卷记载，“隋炀帝始建进士科”，是在大业三年。

② 据《隋书·经籍志》记载，终隋文帝之世，隋朝官方藏书三万余卷。“大唐武德五年，克平伪郑，尽收其图书及古迹焉……载之以船，溯河西上，将致京师。行经底柱，多被漂没，其所存者，十不一二。其《目录》亦为所渐濡，时有残缺。今考见存，分为四部，合条为一万四千四百六十六部，有八万九千六百六十六卷。”据此可知隋炀帝在位时修撰书籍取得的成就。

③ ④ 司马光：《资治通鉴》第180卷。

⑤ 司马光：《资治通鉴》第181卷。

⑥ 钱穆：《国史大纲》（上册），第五编第22章，第382页。

帝，最后却因此被罢了官。关于杨广的狂妄自负，如他“自负才学，每骄天下之士，尝谓侍臣曰：‘天下皆谓朕承藉绪馀而有四海，设令朕与士大夫高选，亦当为天子矣。’”[①] 关于他的独断专行，如其曾对虞世南称：“我性不喜人谏，若位望通显而谏以求名者，弥所不耐。……”[②]

杨广的上述独特性格和行事作风，一来使他在五兄弟中脱颖而出，后来居上，最终坐上了皇位；二来使他在即位之后短期之内便取得骄人的执政成绩。总之，在大业十二年（612 年）之前，杨广的仕途和事业都是一帆风顺的。

但同时，这一系列的成功却并不总是有利无弊，其害处则如黄仁宇所言：

“纵养其骄骞，使他以为天下事，俱是如此容易……以中国人力物力，随意摆布，只居顺境，未受挫折。以后他一处逆境，即意懒心灰，逃避现实，所以他的悲剧情结，也有长期积养的前因后果。”[③]

的确，杨广 43 岁之前的“只居顺境”“随意摆布”，使他的性格和心态日渐趋于畸形化。在顺境中，他尽可以挥斥方遒，志得意满，但一旦遇到像大业八年（612 年）远征高句丽失败那样的重大挫折，他便无法面对了。从那时起，他患上了失眠多梦症，夜晚时常被噩梦惊醒，有时得由几个宫女摇抚着，才能安睡。[④] 大业十二年（616 年）夏，东都大业殿发生了一场火灾，杨广当时精神恍惚，竟以为是盗匪闯入，吓得惊慌失措，连滚带爬躲进了草丛，直到火被扑灭才现身。[⑤] 这时，他已经陷入一种近乎神经质的病态了。而对于高句丽的远征，他更有着一种疯狂的痴迷，在第一次远征失败后，又接连发动了第二、第三次，第四次本来也已着手动员，只因当时的混乱局势而作罢。在这一时期，对

---

① ② 司马光：《资治通鉴》，第 182 卷。

③ 黄仁宇《赫逊河畔谈中国历史》第 17 章

④ 司马光：《资治通鉴》，第 183 卷：“帝自八年以后，每夜眠恒惊悸，云有贼，令数妇人摇抚，乃得眠。”

⑤ 司马光：《资治通鉴》，第 183 卷：“夏，四月，丁巳，大业殿西院火。帝以为盗起，惊走，入西苑，匿草间，火定乃还。”

杨广的精神刺激最大的，其实当属大业九年（613 年）的杨玄感反叛和大业十一年（615 年）的雁门之围。“经此两役，隋之声威于是一落千丈。”[①] 尤其是在雁门之围后，杨广“惊慌失措，信心严重动摇；以后他越来越消沉了”[②]。其实，当时的局势虽不乐观，却还未恶化到无法收拾。隋朝尚有数十万军队，其中杨广自己掌握的十余万骁果，作为精锐中的精锐，战斗力极强。苏威、赵才等人都劝他返回关中，巩固根本，裴矩甚至到大业十三年（617 年）底还在劝他，但他当时消极、颓废，对挽回时局已丧失了信心，于是不顾大臣们的劝阻，躲到江都坐以待毙，在长达近两年的时间里无所事事，一次次错失拯救帝国的良机，最终被叛军所杀。杨广死后，隋朝的末日也就随之来临了。

大业八年（612 年）以后杨广和隋王朝的一系列悲剧，无不与他本人悲剧性的性格有关。在形势犹有可为乃至尚有转机的情况下，杨广遭遇挫折后的悲观、绝望心态，导致其一次次错过挽救帝国的机会，最终走向覆亡。

杨氏家族的内讧

一般而言，统治家族的精诚团结，是维系一个王朝长久统治的必要条件。统治家族若无休止地争权夺利，往往会导致王朝的衰败，乃至倾覆。隋朝的灭亡，一定程度上就是由杨氏家族的内部斗争导致的。

隋朝建立之初，杨氏家族本人丁阜盛，且不乏才略之士。但因受杨坚的猜忌，多数被排挤出权力中心，成为家族权力斗争的牺牲品。如，观王杨雄乃杨坚族子，一度“贵宠，冠绝一时，与高颎、虞庆则、苏威称为‘四贵’”，但因“宽容下士，朝野倾瞩”而遭到杨坚的猜忌，后来被拜为司空，“外示优崇，实夺其权”[③]；藤穆王杨瓒乃杨坚的胞弟，曾为北周驸马，“好书爱士，甚有令名于当世”，但与杨坚不睦，“忤旨，

① 岑仲勉：《隋唐史》，隋史第 19 节，第 75 页。
② 崔瑞德：《剑桥中国隋唐史》，第二章第四节。
③ 魏征等：《隋书》，第 43 卷。

恩礼更薄”，后来“遇鸩以毙”，其子“每不自安。炀帝即位，尤被猜忌”[①]；蔡王杨智积是杨坚的亲侄子，因其父与杨坚不睦，“常怀危惧，每自贬损”[②]。

以上几人都是杨坚的远亲或平辈亲属，也都先后受到猜忌而被打倒。真正允许执掌权力的，乃是杨坚的直系子嗣。

杨坚有五个儿子——杨勇、杨广、杨俊、杨秀、杨谅，都是他与独孤皇后所生。开皇年间，五人分掌朝廷大权：杨勇为太子；杨广为扬州总管；杨俊为秦州总管，“陇右诸州尽隶焉”；杨秀为益州刺史、总管，掌二十四州诸军事；杨谅为并州总管，“自山以东，至于沧海，南拒黄河，五十二州尽隶焉”[③]。但同时，五人围绕皇位展开的政治斗争也在暗中进行，除杨俊中毒夭折、杨广最后夺得帝位之外，其余三人都成为家族权力斗争的牺牲品，先后被打倒：杨勇先是被废，后又被杀；杨秀、杨谅都被废为庶人，并遭软禁。不仅如此，杨坚本人也在家族的权力斗争中丧命。原本看似繁盛的杨氏家族，权力最终由杨广一脉单传。

接下来，大业年间（605—618年）杨氏家族的权力斗争，其激烈程度与杨坚时期相比毫无逊色。杨广即位后，“诸侯王恩礼渐薄，猜防日甚”[④]。在杨广的诸多远亲之中，滕王杨纶、卫王杨集“并以谗构得罪”，高阳公杨智明则“以交游夺爵”[⑤]。与杨坚一样，杨广也希望将权力传给自己的直系子嗣，首先长子杨昭，然后是次子杨暕，两人都是萧皇后之子。

杨昭生于开皇四年（584年），性情仁爱、谦冲、简素，自幼颇受祖、父宠爱，大业元年（605年）为太子，被寄予了厚望。但到大业二年（606年），杨昭竟因肥胖致疾，不久便辞世。杨广十分悲伤，但也无可奈何，只好另行物色继承人。

---

① ② 魏征等：《隋书》，第44卷。

③ 魏征等：《隋书》，第45卷。

④ ⑤ 魏征等：《隋书》，第44卷。

杨暕生于开皇五年（585年），“颇涉经史，尤工骑射”[1]，在杨昭辞世后，成为重点培养对象，朝野瞩望。但其为人“骄恣，昵近小人，所行多不法”，后屡遭杨广责难，恩宠日衰，“每怀危惧，心不自安”[2]。由此，杨暕也成为家族权力斗争的牺牲品，被剥夺了继承权力的资格。江都宫变之时，父子相互猜忌，都认为对方是背后主使。

杨暕被排除出权力继承人选之后，杨广的儿子中只剩下幼子杨杲。但其出生于大业二年（606年），至大业十四年（618年）隋朝灭亡时尚未成年，又非正妻萧皇后所生，似乎从未被杨广考虑为继承人。

杨昭死后，杨暕又被排除在外，杨杲则从未被考虑过。此后十余年间，杨广没有确立新太子。杨昭生前有三个儿子，分别是杨倓、杨侗、杨侑，其中杨倓尤其受到杨广的宠爱。大业十二年（616年）前后，杨广分别令杨侑（11岁）留守长安、杨侗（12岁）留守洛阳，杨倓（13岁）则随他本人前往江都。由此，兄弟三人分散于朝廷的三个权力中心。

如果将长安、江都、洛阳三个权力中心的先后失陷作为隋朝最终灭亡的标志，从中我们就可以看出杨氏家族长期内讧在其中的恶劣影响。

大业十四年（616年）三月，杨倓在江都宫变中与祖父杨广一同被害。很多人将此事件作为隋朝灭亡的标志，但这其实是一种误解。因为在此前后，隋朝的权力中心已经被分成了三个，江都的陷落并不代表隋朝就此灭亡。在江都之外，我们还有必要考虑长安、洛阳的失陷。

长安、洛阳都是隋朝建立后营建的新城，其防御工程之坚固自不待言。尤其长安地处关中盆地，有四塞之固，易守难攻，而且留守军士至少在十万以上。但李渊自晋阳出兵时，只带了三万士卒，不到四个月就攻陷了长安，真可谓易如反掌。其关键原因就在于长安防务的主持者太弱，最高统帅是十三岁的杨侑，辅佐者卫文升老迈不堪，忧惧而死，未能发挥应有作用，最终导致长安城轻易陷落。洛阳有兵二十余万，后杨广又调去各路援军十余万，总兵力在三十万以上，本来大有可为，但因杨侗年幼，无力主持大局，众臣又各自争执，虽勉强抵抗住了瓦岗军的

[1] [2] 魏征等:《隋书》，第59卷。

攻势，但不久王世充发动政变，掌控洛阳政局，将杨侗架空成了傀儡。至此，长安、洛阳二都实际由李唐、王世充（郑）所有，隋朝名存实亡。

综合以上分析，杨氏家族在经过三代人的长期权力斗争之后，朝廷大权最后只被传承到了杨广两个未成年的孙子杨侑、杨侗身上。其余杨氏家族的成年亲属，或许有能力挽救王朝的败亡，但在一系列政治斗争后，他们均被排除在权力中心之外，从而丧失了这种可能。而执掌权力之人都是少不更事的孩童，在当时的乱局中，根本无力肩负起挽救王朝衰亡的重任，最终导致长安、洛阳的失陷，隋朝由此灭亡。

隋朝灭亡时杨广 50 岁，杨倓、杨侗、杨侑分别只有 16 岁、15 岁、14 岁，长期的家族权力斗争使隋朝的权力传承出现了严重断层。在杨广丧失信心后，无人再能肩负起挽救隋朝的重担，只能任由其走向覆灭。我们在考察隋朝的灭亡时，这一点是不能不考虑的。

关陇集团核心家族的争斗

“关陇贵族集团（或称‘关陇集团’）”“关中本位政策”这两个概念，是陈寅恪在 20 世纪 30 年代所提出的。从那之后，隋唐史研究便绕不过这两个概念了。

关陇集团是一个以关陇地区为中心形成的贵族统治集团，由鲜卑人宇文泰于 6 世纪 20—30 年代创立，一直持续到唐朝的覆亡。其核心家族以西魏、北周初年的八柱国最为出名，但后来各家升降起落、新陈代谢，变动极大。

关陇集团有一大毒瘤，也是其最显著的特征之一，即其核心成员不断地相互斗争。这导致了关陇政权的极度不稳定，改朝换代非常频繁。不到一个世纪，西魏、北周、隋、唐四个政权轮番更迭，你方唱罢我登场，就是由此导致的。

北周末年，关陇集团的核心成员，权势最盛的当为统治家族宇文氏，其实则是以杨坚为代表的弘农杨氏。两家一度精诚合作，以婚姻为组带结成联盟，共同维系着北周政权。但 580 年宇文赟突然驾崩，两家的权力平衡立马被打破了。因为刚即位的周静帝只有七岁，无力掌控朝政，外戚杨坚于是迅速见缝插针，控制了朝廷大权，次年即篡周建隋。接下来，为防止宇文氏家族死灰复燃，他坚决将该家族子嗣全部诛杀。关陇集团其他家族受到震慑，一时不敢轻举妄动，于是形成了在杨氏家族主导下新的权力平衡，一直持续到大业初年。因此，隋朝在这一时期保持了相对稳定的局面。

但好景不长，杨广即位后，随着杨氏家族内讧和随后民变叛乱引发的时局动荡，隋朝当局的统治受到削弱。这时，关陇集团其他家族又开始躁动不安，跃跃欲试，大业九年（613 年）之后相继引发了五轮斗争，终于将隋朝扼杀在了血泊之中。

第一轮是由杨玄感家族发动的，李密家族参与其中（613 年）。

杨玄感之父是杨素，从开皇后期日渐受到隋文帝杨坚的宠信，到杨广即位后位极人臣，而且“累世尊显”，“在朝文武多是素之将吏”①，又“恃功骄倨，朝宴之际，或失臣礼”②，因此受到杨广的猜忌。当其在大业三年（607 年）病故后，杨广曾对近臣称：“使素不死，终当夷族。”③ 杨玄感由此内心不自安，与诸弟潜谋作乱，于大业九年（613 年）在黎阳揭竿而起，妄图推翻隋朝，不足二月而败。李密作为杨玄感的刎颈之交，也参与其中，担任他的谋士，兵败后流亡至瓦岗寨。杨玄感之乱本身并未对隋朝造成多大威胁，但其潜在影响诚如苏威所言：“因此浸成乱阶。”意思即，它在民间引起了反叛的连锁反应，成为各地动乱的源头。

第二轮是由李密家族领导的（615—618 年）。

李密的曾祖父为西魏八柱国之一的李弼，其父李宽死于开皇年间，官至上柱国，爵封“蒲山公”。但到李密时，李家家世败落，李密仅得到一个左亲侍的职务，还因形貌短陋遭到杨广的讥笑。但他后来受到杨

① 魏征等：《隋书》，第 70 卷。

② ③ 司马光：《资治通鉴》，第 182 卷。

素的器重，并与杨玄感结为刎颈之交。杨玄感在黎阳举兵时，他受邀参加，从此走上了反对杨隋朝廷的道路。兵败后，他作为朝廷通缉犯到处流亡，后来参加并改造了瓦岗军，继续反隋。大业十二年（616 年）至大业十四年（618 年），他率领瓦岗军，在洛阳外围前后歼灭隋军近四十万，一方面沉重打击了隋朝，另一方面为李渊进军关中造成了有利形势。

第三轮是由杨广家族发动的（615 年）。

杨玄感、李密家族相继反隋，其他对隋朝造成潜在威胁的家族也不在少数，都引起了杨广的疑忌。尤其他对一则“李氏当为天子”的谶语格外敏感，又联系到隋文帝生前曾梦到洪水冲垮都城，认定李浑家族是最大的隐忧，于是将其铲除。此举加剧了关陇集团核心家族的分化，也削弱了隋朝的统治根基。

第四轮是由李渊家族发动的（617 年）。

李渊的祖父李虎，也是西魏八柱国之一。他本人既是杨广的表兄，也是后来唐朝的建立者。李渊为人低调沉稳，颇具政治手腕，老早就有改朝换代的野心，曾因其李姓受到杨广的猜忌，险些丧命，但这更坚定了取隋而代之的目标。大业十一年（615 年）后，他被安排到晋阳任职，时已天下大乱。大业十三年（617 年）七月，在内、外条件都已成熟的情况下，他果断起兵，得益于瓦岗军牵制了东都军主力，不到半年即攻陷长安，控制了关中。杨广在江都被杀后，他废掉傀儡皇帝杨侑，自行称帝，建立了唐朝。李渊叛隋并攻陷长安，使隋朝丢失了晚期三个权力中心中最重要的一个。

第五轮是由宇文化及家族发动的（618 年）。

宇文化及是宇文述之子，他还有两个兄弟宇文智及和宇文士及。大业十二年（616 年）后，因为杨广打算长期滞留江都，随行骁果多因思乡而逃亡。宇文家三兄弟利用他们的思乡情绪，成功策划了江都宫变，并杀死杨广及一帮大臣，接管了十余万军队。至此，隋朝第二个权力中心江都宣告瓦解。

值得注意的是，关陇贵族集团核心家族的以上五轮争斗，并未完全摧毁隋王朝。尽管它已经气息奄奄，回天乏力，但还拥有最后一个权力中心——洛阳。在王世充发动政变将杨侗变成傀儡之前，它顽强地坚持了四个月。也就是说，隋朝在历经关陇集团争斗的摧残后，最终是被王世充终结的。王世充是出身西域的少数民族，并非关陇集团成员。

但指出隋朝最终被王世充终结，并不意味着关陇集团诸家族的争斗无关紧要。实际恰恰相反，自大业十一年（615 年）持续到十四年（618 年）的关陇集团中杨氏家族的反对派（即杨玄感、李密、李渊、宇文化及等家族），才是摧毁隋王朝的核心力量。

王夫之早就注意到："杨玄感、李密以公侯之裔，世领枢机，门生将吏半于朝右，金钱衣币富将敌国，而兵起两月，旋就诛夷，唯隋之忌之也夙而防之也深，一闻其反，全力以争生死，而山东诸寇起自草莱，不在独夫（杨广）心目之中。①"可见，在杨广眼中，隋朝所面临的真正威胁力量，不是遍布各地的民变起义军，而是关陇集团中杨氏家族的反对派。可惜的是，他虽然清楚认识到了这一点，最终仍未能阻止悲剧的发生。

在关陇集团核心家族的争斗中，杨广、李密、宇文化及、杨玄感四家族陆续被打倒，退出了历史舞台，李渊家族最后成了唯一的赢家。

放弃关中本位政策

关陇政权自成立半个世纪以来，在人事任用和军事部署方面，一直坚持关中本位政策。但到隋朝成立之后，该政策开始出现动摇。大业元年（605 年），杨广在《营建东都诏》中回忆称："我有隋之始，便欲创兹怀、洛，日复一日，越暨于今。②"这说明，隋文帝即位之初就有迁都洛阳的计划。

在隋朝之前，长安、洛阳均曾长期被确定为首善之区。至于两者的

① 王夫之：《读通鉴论》，第 19 卷。

② 魏征等：《隋书》，第 3 卷。

优劣，李隆基的总结堪称精辟：“帝业初起，崤函乃金汤之地；天下大定，河洛为会同之府。”[1] 开皇初，杨坚最终舍弃洛阳而迁都长安，或许就是因为当时他“帝业初起”，还需要依仗关中的金汤之固。但此后不出六七年，随着北方突厥降服、江南陈朝被平定，隋朝很快出现了“天下大定”的局面，洛阳作为国都的优势又转而胜过了长安。于是，不少朝臣又开始劝隋文帝迁都洛阳。江南名士陆知命就是其中之一，为此还特地呈上了一篇《太平颂》[2]。这已经是隋朝当局第二次讨论迁都洛阳了。

以上情形说明，隋朝建立之后，长期存在抛弃关中本位政策的声音。该政策虽然在隋文帝时期没被抛弃，但起码不似西魏、北周时期那般牢固了。不久随着杨广即位，情况又出现了新的变化。

杨广老早就是一名坚定的都洛派成员，所以一上台就开始改弦更张。但他并不是简单地从长安迁都洛阳，而是在长安之外又相继建设了洛阳、江都两座都城，使隋朝拥有了三座都城。这虽不是完全抛弃了关中本位政策，也至少是对该政策的重大突破了。

此后，杨广对关中本位政策的偏离进一步加剧。大业十二年（616年），他对收拾中原乱局失去了信心，带着十余万关中籍骁果到了江都，只派孙子杨侑留守长安。此后，因洛阳遭到瓦岗军的攻击，他又从关中抽调庞玉、霍世举两支军队赶去增援洛阳，使关中更加空虚，不久就被李渊叛军给攻破了。

关中丢失之后，杨广决定永久性割据江东，不再北返。但此举刺激了他手下十余万骁果的思乡情绪，结果被阴谋叛乱的宇文化及兄弟利用，引发了江都宫变，杨广本人及数十名大臣、皇室人员由此丧命。至此，大隋王朝也就只剩下最后一口气。

由此来看，正是杨广先是偏离后又抛弃关中本位政策，才导致隋朝江河日下，国势一天天败坏，终至覆亡。

---

① 李隆基：《幸东都制》，出自《全唐文》，第20卷。

② 魏征等：《隋书》，第6卷。

其实，对于关中本位政策的重要性，当时不少朝廷官员乃至叛军头目都洞若观火。

在朝廷官员之中，早在大业十年（614 年）底，杨广要从长安巡行洛阳，太史令虞质就曾劝阻："比岁伐辽，民实劳弊，陛下宜镇抚关内，使百姓尽力农桑，三五年间，四海稍丰实，然后巡省，于事为宜。"[①] 结果，不仅该意见未被采纳，虞质本人都被投进了监狱。大业十一年（615 年）九月雁门之围后，苏威又劝杨广："今盗贼不息，士马疲弊，愿陛下亟还西京，深根固本，为社稷计。[②]"而且，苏威明确指出了是"为社稷计"，但仍未奏效，他本人差点因此丧命。大业十二年（616 年）七月，当杨广要由洛阳前往江都时，右候卫大将军赵才、建节尉任宗、奉信郎王爱仁又相继劝阻，甚至有人直言不讳称："陛下若遂幸江都，天下非陛下之有！"[③] 结果，除赵才之外，其余人先后丧命，仍旧没能阻止住杨广。大业十三年（617 年）十月，当李渊叛军入关之后，裴矩仍在规劝杨广："太原有变，京畿不静，遥为处分，恐失事机。唯愿銮舆早还，方可平定。[④]"结果还是不了了之。之后，隋朝就无可救药了。贞观十三年（639 年），李世民与魏征谈及此事时一语中的称："隋炀帝承文帝余业，海内殷阜，若能常处关中，岂有倾败？"[⑤] 陈寅恪更是直言不讳称："隋炀帝远游江左，所以卒丧家邦；唐高祖速据关中，所以独成帝业。"[⑥]

在叛军方面，早在大业九年（613 年）杨玄感起兵时，李密、李子雄就主张："直入关中，开永丰仓以振贫乏，三辅可指麾而定，据有府库，东面而争天下，亦霸王之业也。[⑦]"大业十三年（617 年）之后，柴孝和、裴寂、郝瑗分别劝李密、李渊、薛举攻取关中。结果，只有李渊捷足先登，率先抢占了关中，之后不出十年便重新平定了天下。

---

① ②③ 司马光:《资治通鉴》，第 182 卷。

④ 魏征等:《隋书》，第 67 卷。

⑤ 吴兢:《贞观政要》，第 10 卷。

⑥ 陈寅恪:《唐代政治史述论稿》：中篇《政治革命及党派分野》。

⑦ 司马光:《资治通鉴》，第 182 卷。

那么，杨广为何在大业十二年（616 年）之后弃关中而不顾，躲到江都坐以待毙呢？一方面，这当然与当时中原的乱局使他灰心丧气有关；另一方面，这也可能出于他的个人偏好。在位十四年间，杨广累计在江都三年、在洛阳五年、在长安只一年，其余时间均在外巡游或出征，由此足见他对洛阳、江都的喜爱远在长安之上。

地方叛乱势力的打击

隋朝末年的地方叛乱势力大致有三种类型。第一类是关陇集团中杨氏家族的反对者，以杨玄感、李密、李渊、宇文化及等人为代表。第二类是地方豪强、军阀，如王世充、薛举、李轨、刘武周、罗艺、梁师都、朱粲、沈法兴、刘霸道等。第三类是农民起义军，如窦建德、卢明月、王薄、杜伏威、辅公祏、魏刀儿、李子通、林世弘等。

在以上三类地方叛乱势力中，出现最早的是农民起义军。他们多分布在河南、河北、山东、江淮等地，因为那里是隋朝攻打高句丽的大后方，自大业七年之后天灾人祸多发。农民军反抗朝廷，是典型的官逼民反，不得已而为之，多数只是为了拼出一条活路。据《资治通鉴》记载，大业七年（611 年），“山东、河南大水，漂没三十馀郡”，“官吏贪残，因缘侵渔，百姓困穷，财力俱竭，安居则不胜冻馁，死期交急，剽掠则犹得延生，于是始相聚为群盗”[1]。

当农民军扰乱天下之后，隋朝的统治力被削弱了。这时，地方豪强、军阀也见机起事，对隋朝落井下石。本文之所以将地方上的豪强和军阀归为一类，是因为他们都是趁着时局混乱而浑水摸鱼的投机者。他们之所以起兵反隋，不是因为被朝廷剥夺了活路，而是为了谋求在混乱的时局中扩展自身利益，这是他们与农民军的主要区别。但他们的目标仅限于割据地方一隅，而不是与最高统治者争夺天下，这是其与第三类叛军的不同之处。

---

① 司马光:《资治通鉴》，第 181 卷。

关陇集团中杨氏家族的反对者，包括杨玄感在内[①]，也是抓住各地蜂起的农民军造成天下局势混乱的有利时机，起来反抗隋朝的，这一点与地方豪强、军阀相同。但他们的目标非常明确，就是为了取杨氏家族而代之，实现改朝换代，在关陇集团内部轮流坐庄，创建由自己家族主导的新王朝。杨玄感、李密、李渊自不必说，宇文化及兄弟也是同样的情况。大业十四年（618 年）三月，宇文智及正是以“今天实丧隋，英雄并起，同心叛者已数万人，因行大事，此帝王之业也”[②] 这么一番话，才将十余万骁果招罗到自己麾下，进而发动了江都宫变。可见，宇文氏兄弟反隋，也是为了追求“帝王之业”。在这方面，地方豪强、军阀没有这样的雄心壮志，他们只满足于在地方割据称雄。

可以说，三类地方叛乱势力对于隋朝的态度是不一样的：农民军是为了反抗暴政，为自身寻求活路；地方豪强、军阀与隋朝当局并无深仇大恨，他们只是趁着当时的混乱局势浑水摸鱼；关陇集团中杨氏家族的反对者才是真正想推翻隋朝，由自己主宰天下，他们也是推翻隋朝的核心力量。

关于这三类地方叛乱势力各自在多大程度上促成了隋朝的灭亡，史学界素来存在一种错误认识，即多数学者会不自觉地夸大农民军的作用。其实，农民军对隋朝灭亡的作用是非常有限的。他们中多数都是旋起旋灭，在发展壮大之前就被官军镇压或相互兼并了，真正坚持时间较久、规模发展较大的只有两支，即窦建德的河北军和杜伏威、辅公祏的江淮军（对瓦岗军的分析见下文）。但这两只军队对隋朝的长安、洛阳、江都三个权力中心，从未形成任何实质性的威胁或打击。总之，农民军在灭亡隋朝的过程中的作用，一是各地的反叛一定程度上削弱了隋朝的统治，二是造成天下大乱的局势，为另外两类叛乱势力起兵创造了有利条件。

关于隋末叛乱势力，再有一点容易被误解的就是瓦岗军的性质问

① 根据《隋书》第 70 卷记载：大业九年（613），“帝征辽东……百姓苦役，天下思乱”。杨玄感正是趁此机会才起兵反隋的。

② 司马光：《资治通鉴》，第 185 卷。

题。许多学者会赞成这样一种观点，即翟让、李密领导的瓦岗军，是隋末唐初势力最大的三支农民起义军①之一，都给了隋朝以沉重的打击。但实际上，这种观点根本是站不住脚的。

瓦岗军兴起于大业七年（611年），先后诞生了翟让、李密两位领袖，后于唐武德元年（618年）九月败于王世充的东都军，由此而失败。为了便于澄清它的性质，我将其分为前、后两期：自大业七年（611年）至大业十二年（616年）九月为前期（近6年），之后为后期（两年）。

前期的瓦岗军在翟让领导之下。翟让本为一名东郡法曹，曾因犯罪被判死刑，后被狱卒暗中释放，于是便跑到瓦岗寨落草为寇。除翟让外，其他将领有单雄信、徐世绩、邴元真、贾雄等，单、徐二人是翟让同乡，徐家较富裕，贾雄则是一名江湖术士。当然，离瓦岗寨不远还有外黄王当仁、济阳王伯当、韦城周文举、雍丘李公逸等，皆拥众为盗，却是在瓦岗军之外独立发展的。这一时期的瓦岗军只是“群盗，旦夕偷生草间（翟让语）②”，干的多是一些打家劫舍、抢夺路客财物的勾当，据此将其归为农民军，倒也说得过去。当然，它也与官军作战。自大业十年（614年）起，隋朝张须陀部官军“将兵拒东郡贼翟让，前后三十余战，每破走之。”当时，瓦岗军只有一万余人马，实力非常弱小，与官军交战三十余次，几乎每战必败。总之，前期的瓦岗军是一支农民军，实力弱小，对隋朝的打击非常有限。

瓦岗军事业的转折点，是大业十二年（616年）李密的加入。李密被翟让收留后，开始按自己的意图改造瓦岗军。第一，他说服王当仁、王伯当、周文举、李公逸等头目归顺翟让，后又攻取荥阳郡及周边的粮仓，极大扩充了瓦岗军的规模和实力，兵力最多时达三十余万。第二，改造了瓦岗军的成分，将许多隋军降将和官吏（如秦叔宝、罗士信、裴仁基、裴行俨、柴孝和、魏征、祖君彦等）吸收进来，而除掉了翟让和

① 另外两支即窦建德的河北军和杜伏威、辅公祏的江淮军。

② 司马光:《资治通鉴》，第183卷。

他的几个亲信，邴元真、徐世绩、单雄信等人也遭到了排挤。第三，他为瓦岗军制定了“席卷两京”“除亡隋之社稷”的宏大目标和实施计划。第四，他率领瓦岗军在洛阳周边陆续歼灭了近四十万隋军，给隋朝造成了沉重打击。第五，他在洛阳外围牵制东都兵，给李渊西进和占领关中创造了有利条件。据此，后期瓦岗军的首领和主要将领与前期相比变动较大，它已经由前期的农民军变成了关陇集团中杨氏家族的反对者，后期的瓦岗军给隋朝造成了沉重打击。

综上可见，瓦岗军在前期是一支农民军，实力弱小，对于灭亡隋朝的作用十分有限；后期被改造成了关陇集团中杨氏家族的反对者，兵力最多时达三十余万，在洛阳外围歼灭隋军近四十万，给李渊占领关中创造了有利条件，在灭亡隋朝的过程中扮演着十分重要的角色，也起着至关重要的作用。

不过，本文关陇集团核心家族的争斗与隋朝灭亡之间的关系，已经在前面进行了单独讨论。所以，本部分所谓地方叛乱势力，是只就农民军和地方豪强、军阀而言的。从这种意义上来说，地方叛乱势力在灭亡隋朝的过程中，虽起着一定的作用，但这种作用并不像许多学者认为的那么重要。

附 录

北魏由来

鲜卑族是继匈奴之后在蒙古高原崛起的古代游牧民族，兴起于大兴安岭。其起源于东胡族，分布在中国北方。秦汉之际，东胡被匈奴冒顿单于打败，分为两部，分别迁徙到乌桓山和鲜卑山，均以山名作为族名，形成乌桓族和鲜卑族，受匈奴奴役。匈奴分裂后，鲜卑族逐渐摆脱其控制，并最终占据蒙古草原。

十六国时期，鲜卑各部落趁中原混乱不堪之机，先后建立国家。北魏登国元年（前秦太初元年，386 年），16 岁的拓跋珪趁前秦四分五裂之际，在牛川自称代王，重建代国，定都盛乐（今内蒙古自治区呼和浩特市和林格尔县）。同年四月，改称魏王。天兴元年（398 年）六月，拓跋珪改国号为“魏”，史称“北魏”。

始建六镇

天兴元年（398 年），北魏道武帝拓跋珪迁都平城（今山西大同东北）。为了抵御来自北方游牧民族——柔然的侵扰，拱卫首都平城，拓跋珪开始在其北部边境（今内蒙古河套地区以东、阴山山脉以南的地区）设置沃野等六镇，自西而东分别为：沃野、怀朔、武川、抚冥、柔玄、怀荒六镇。

太和十七年（493 年），北魏孝文帝拓跋宏迁都洛阳，推行汉化改革，实行三长制和均田制，改革吏治。改革使北魏的政治、经济、军事、文化、社会等方面得到极大发展，缓解了民族隔阂，但却遭到了一部分保守的鲜卑贵族的反对。他们不仅在改制前进行抵制，在改制中和改制后也不断反抗。

太和二十年（496 年），太子拓跋恂企图逃回平城发动叛乱，被孝文帝处死。同年冬，旧贵族在平城发动兵变。孝文帝派兵平息了叛乱，保证了改制的顺利进行。

六镇起义及尔朱荣崛起

北魏孝明帝末年，政治腐化，权贵奢侈，守宰暴敛，赋役、兵役繁重，百姓纷纷逃亡或依附豪强。而长期戍守北方六镇的将卒（多为拓跋部贵族及其成员或中原豪强子弟）自北魏迁都洛阳后，其待遇及升迁均不如洛阳鲜卑贵族，遂心生不满，于正光四年（523 年）发生兵变，随后关陇、河北各族纷纷起兵响应，北魏统治濒临崩溃。正光五年，北方六镇皆被镇民所占，史称“六镇起义”。

“六镇起义”后，北方边镇军事豪强乘机扩充实力，其中尔朱荣的实力最为强盛。由此，北魏统治者开始笼络他镇压农民起义。

孝昌二年（526 年）八月，尔朱荣举兵袭取肆州（今山西忻县），自置官吏，兵势渐盛，朝廷不能制。武泰元年（528 年），尔朱荣趁孝明帝元诩被胡太后毒死之机，借口为孝明帝报仇，自晋阳率军南下，迎长乐王元子攸为帝，是为孝庄帝。至此，尔朱荣专断朝政，其帐下拥高欢（贺六浑）、贺拔岳、宇文泰等诸将，实力强大。

其后，尔朱荣率军先后击破葛荣、韩楼、万俟丑奴、万俟道洛、王庆云等各路起义军。

永安三年（530 年）九月，尔朱荣率随从三十余人入朝洛阳，为孝庄帝所杀。

北魏分裂

尔朱荣虽死，但军权仍然操纵在尔朱氏手中。不久，原属尔朱荣势力的高欢（贺六浑）击败尔朱氏的残余势力，以大丞相控制北魏朝政，并由此掌权。永熙三年（534 年）十月，高欢逼走孝武帝，立元善见为帝，是为孝静帝，迁都邺城，史称东魏。其后，高欢专擅西魏朝政长达 16 年。

而高欢掌权后，宇文泰跟从贺拔岳入定关陇。永熙三年（534 年），北魏孝武帝因与高欢关系失和而西奔长安，投靠宇文泰。宇文泰被授大丞相。同年十二月，宇文泰杀孝武帝，立元宝炬为帝，是为西魏，定都长安。其后，宇文泰专擅西魏朝政长达 22 年。

齐代东魏

北魏分裂为东魏和西魏后，双方连年征战。高欢因恃众轻敌，在潼关之战、沙苑之战中败北。武定四年（546 年）十月，高欢率军围攻西魏玉壁（今山西稷山西南），起土山，掘地道，苦攻 50 天，昼夜不息，在西魏大将韦孝宽的固守下，终未克。随后，高欢忧愤成疾，于武定五年正月，病逝于晋阳家中。

高欢死后，其长子高澄继任大丞相，都督中外诸军，坐镇晋阳，击溃叛将侯景，以反间计乱南梁，拓两淮之地，收复河南，在短期内团结东魏统治阶层，顺利掌控了东魏政权。武定七年（549 年），高澄完成夺取东魏皇位的准备工作，却在受禅前夕为其膳奴兰京所刺杀。高澄死后，其弟高洋于武定八年（550 年）正月称帝，建立北齐。

周代西魏

宇文泰专擅西魏朝政的 22 年间，对内团结各方，澄清政治，建立府兵制，以扩大兵源，形式上采取鲜卑旧八部制，立八柱国；对外立足关陇，争战东魏，蚕食南梁，奠定了其身后关陇政权一统天下及隋唐王朝强盛的基础。

大定二年（556 年），宇文泰去世。次年，其侄宇文护迫使西魏恭帝禅让，由宇文泰之子宇文觉即位，建立北周。建德元年（572 年），北周武帝宇文邕智诛权臣宇文护，亲掌朝政，随后进行多方面改革。

周灭齐

北周武帝宇文邕在位期间，摆脱鲜卑旧俗，整顿吏治，使北周政治清明，百姓生活安定，国势强盛。

建德五年（576 年），宇文邕决定北连突厥，南和陈朝，并乘南陈攻占北齐淮南地之机，先后对北齐发动河阴之战、平阳之战、邺城之战等战役，历时三年攻占北齐，统一了中国北方地区。

隋代周

宣政元年（578 年）五月，宇文邕率军伐突厥，兵分五路一齐进发。其间，宇文邕突发急病，诏停进军。同年六月，宇文邕病逝长安，传位长子宇文赟，是为北周宣帝。宇文赟即位后，沉湎酒色，暴虐荒淫，大肆装饰宫殿，且滥施刑罚，经常派亲信监视大臣言行。北周国势日渐衰落。

大象元年（579 年），宇文赟禅位于长子宇文阐，自称天元皇帝，但仍掌控朝权，由于纵欲过度、嬉游无度，于次年病逝。大定元年（581 年）二月，国丈杨坚废北周静帝（宇文阐）自立，改国号为隋，北周灭亡。

从开皇之治到隋末乱世

隋文帝杨坚在安定内部、解决北方突厥的外患以及并吞西梁后，于开皇八年（588 年），命令晋王杨广统率水陆大军 50 余万，发动攻灭江南陈朝的大规模渡江作战。此役逼降陈后主陈叔宝，陈亡。之后，杨坚

陆续招降三吴、岭南等地区，完成统一大业，成功结束纷乱近 400 年的魏晋南北朝时期。

仁寿四年（604 年）七月，隋文帝杨坚驾崩，杨广即位，是为隋炀帝。杨广在位期间，修大运河，建东都，迁都洛阳，改州为郡，改度量衡依古式。此外，他还频繁发动战争，如亲征吐谷浑、三征高句丽，加之滥用民力，致使民变频起，造成天下大乱，导致了隋朝的覆亡。

大业十四年（618 年），骁果军在江都发动兵变，杨广被叛军缢杀。

唐代隋

隋末天下群雄并起之时，唐国公李渊于大业十三年（617 年）发动晋阳兵变，次年在长安称帝建立唐朝。

李渊在长安称帝后，即开始对各方的异己势力展开斗争，先后击败瓦岗军、河北窦建德、江淮辅公祏、洛阳王世充等诸多势力。至贞观二年（628 年），中国又重新统一起来，迎来大唐盛世。

西魏八柱国、十二大将军

西魏时期，受封的八位柱国大将军，史称“八柱国”，分别为：宇文泰、元欣、李虎、李弼、独孤信、赵贵、于谨、侯莫陈崇。

八柱国之宇文泰：西魏掌权者，北周创立者，其第五女襄阳长公主下嫁北周神武公窦毅，生唐太穆皇后窦氏。唐高祖李渊为其外孙女婿。

八柱国之元欣：北魏献文帝拓跋宏之孙，广陵王元羽之子，后为大丞相，死后谥号容。

八柱国之李虎：鲜卑名大野虎，独孤信亲家，李渊祖父。其三子李昞娶独孤信第四女为妻，生李渊。

八柱国之李弼：李密的曾祖父。死后追封为魏国公，谥号为武。

八柱国之独孤信：长女嫁北周明帝宇文毓为妻，追封为明敬皇后；四女嫁李渊的父亲李昞为妻，追封为元贞皇后；七女独孤伽罗嫁隋文帝杨坚为妻，是为文献皇后。

八柱国之赵贵：北周建立后，升为太傅、大冢宰，晋封楚国公。

八柱国之于谨：宇文觉即位后，封为燕国公，任职太傅、大宗伯，立为三老，参议朝政，官至雍州牧。死后，谥号文。

八柱国之侯莫陈崇：北周建立后，封梁国公，加太保衔，历任大宗伯、大司徒。

十二大将军分别为：元育、元赞、元廓、宇文导（宇文泰侄儿）、宇文贵、李远、达奚武、侯莫陈顺、杨忠（杨坚之父）、豆卢宁、贺兰祥（宇文泰外甥）、王雄。

关陇集团和山东士族

“关陇集团”是部分学者提出的一个说法，是指北魏时期主要籍贯位于陕西关中和甘肃陇山（或称为六盘山）周围的门阀军事势力。北魏初期，六镇将士大部为鲜卑贵族，其他为汉人豪强，但后期汉人逐步成为主体。这批军事贵族以武川镇军人为班底，定居关中，胡汉杂糅，文武合一，互相通婚。西魏时期，为完善府兵制，宇文泰在府兵的顶端设置八柱国、十二大将军。在当时军政合一的西魏，这八柱国、十二大将军都是出将入相，不仅是军队的统帅，同时也是国家的领导核心，还是当时关中地区最显赫的二十大家族，各方面都处于社会的顶端。西魏、北周、隋、唐四代帝王皆出自这个集团。

“山东士族”是一个特定的历史概念，它是魏晋以后，特别是北魏孝文帝进行汉化改革定族姓之后固定下来的历史概念，是指太行山以东广大范围内的门阀士族，主要有李、崔、卢、郑、王五姓士族。山东士族，从地域上说，包括华山、崤山以东广大范围内，是相对于关中（西北）、塞外和南方的文化地理概念，而士族则是指在这个地域之内的唐代士族，主要包括陇西李氏、赵郡李氏、太原王氏、范阳卢氏、清河崔氏、博陵崔氏、荥阳郑氏、琅琊王氏与琅琊颜氏、兰陵萧氏、河东裴氏，他们都是著名的文化士族。

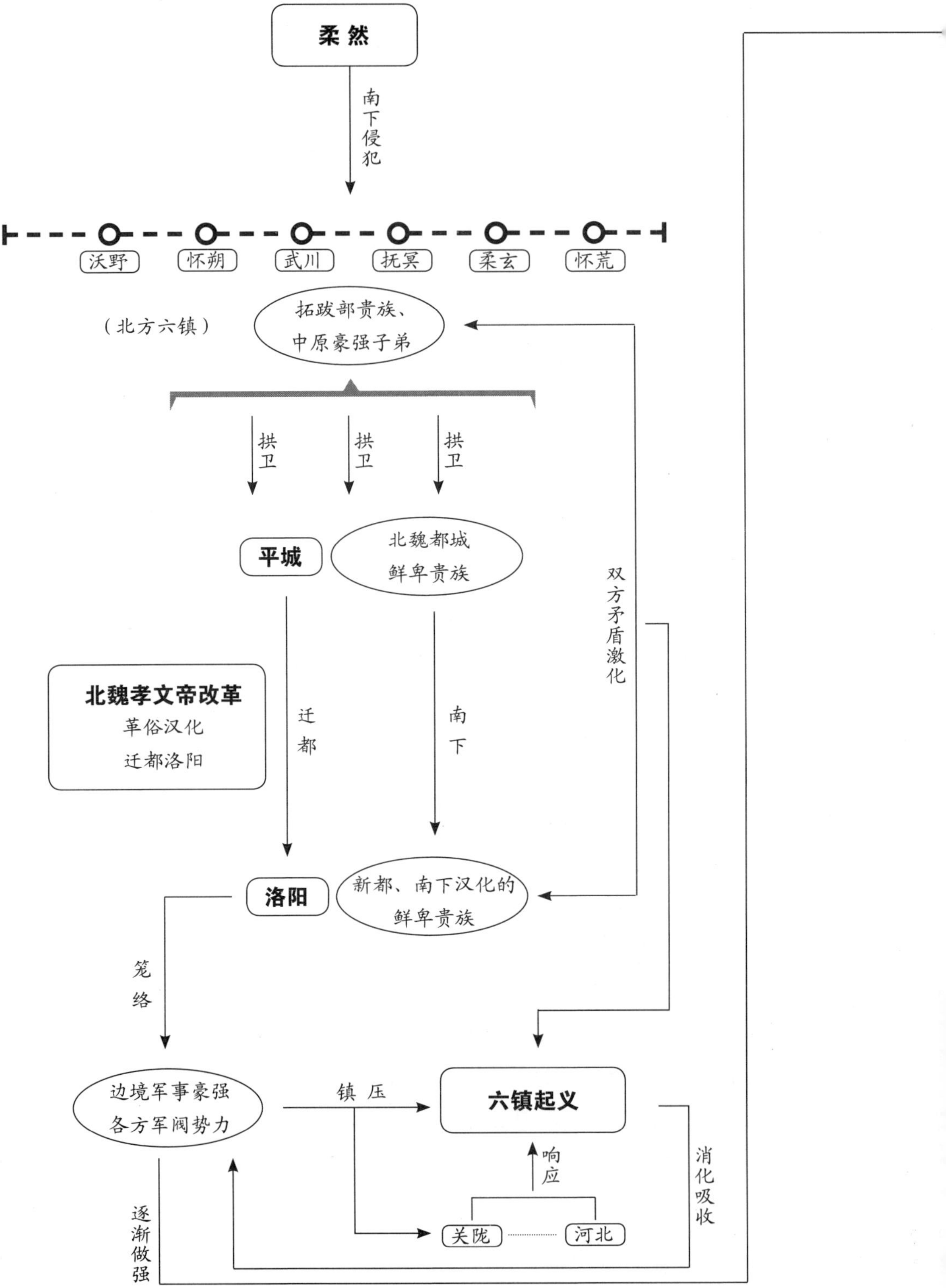
柔 然
南下侵犯
沃野
怀朔
武川
抚冥
柔玄
怀荒
（北方六镇）
拓跋部贵族、
中原豪强子弟
拱卫
拱卫
拱卫
平城
北魏都城
鲜卑贵族
双方矛盾激化
北魏孝文帝改革
革俗汉化
迁都洛阳
迁都
南下
洛阳
新都、南下汉化的
鲜卑贵族
笼络
边境军事豪强
各方军阀势力
镇 压
六镇起义
响应
关陇
河北
消化吸收
逐渐做强

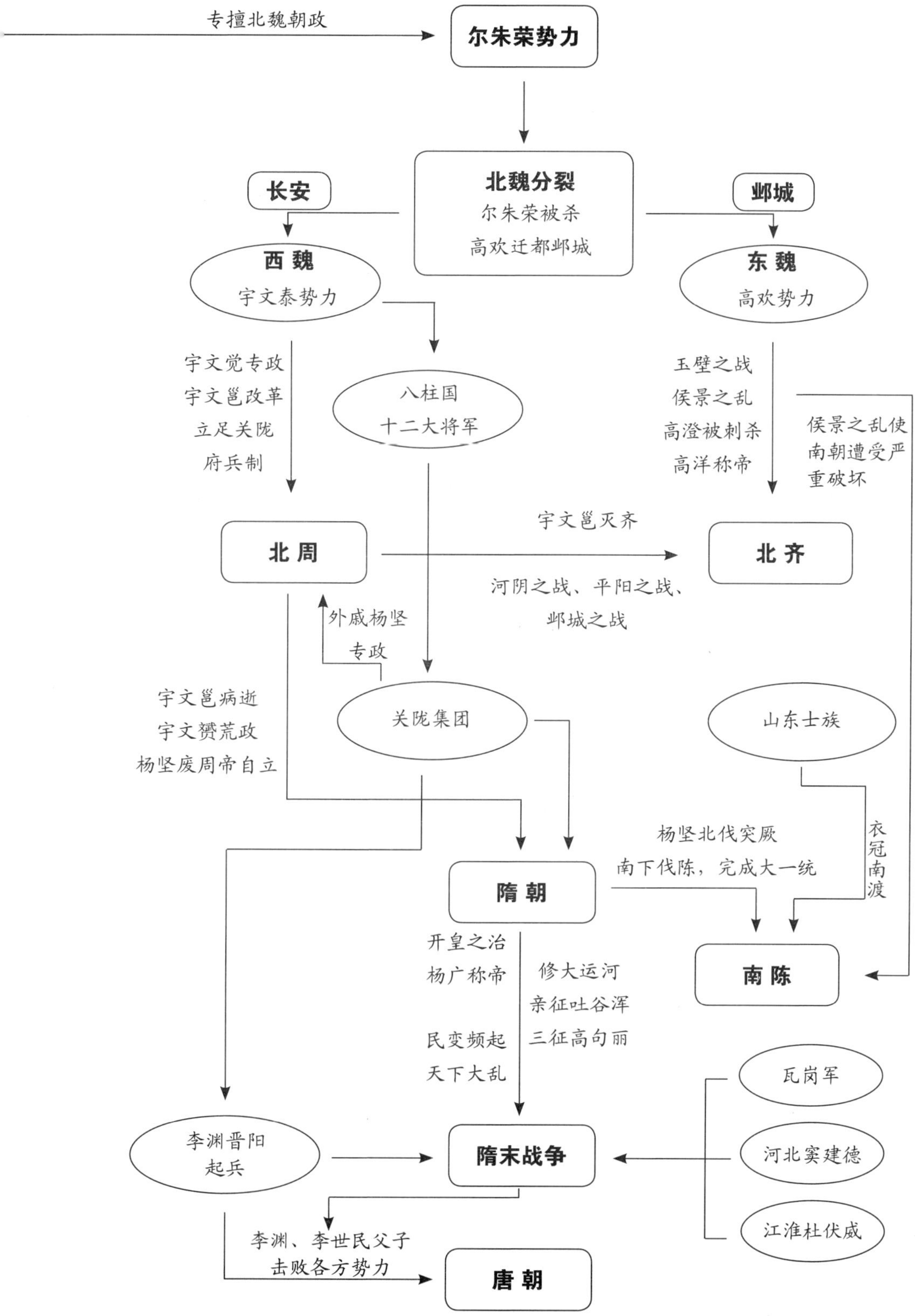

专擅北魏朝政
尔朱荣势力
北魏分裂
尔朱荣被杀
高欢迁都邺城
长安
邺城
西魏
宇文泰势力
东魏
高欢势力
宇文觉专政
宇文邕改革
立足关陇
府兵制
八柱国
十二大将军
玉壁之战
侯景之乱
高澄被刺杀
高洋称帝
侯景之乱使
南朝遭受严
重破坏
宇文邕灭齐
北周
北齐
河阴之战、平阳之战、
邺城之战
外戚杨坚
专政
宇文邕病逝
宇文赟荒政
杨坚废周帝自立
关陇集团
山东士族
杨坚北伐突厥
南下伐陈，完成大一统
衣冠南渡
隋朝
南陈
开皇之治
杨广称帝
修大运河
亲征吐谷浑
三征高句丽
民变频起
天下大乱
瓦岗军
河北窦建德
江淮杜伏威
李渊晋阳
起兵
隋末战争
李渊、李世民父子
击败各方势力
唐朝